무림일기

문학과지성사에서 펴낸 유하의 시집

바람부는 날이면 압구정동에 가야 한다(1991)
세운상가 키드의 사랑(1995)
천일馬화(2000)

문학과지성 시인선 R 02
무림일기

초판 1쇄 발행 2012년 11월 30일
초판 2쇄 발행 2019년 10월 4일

지 은 이   유하
펴 낸 이   이광호
펴 낸 곳   ㈜문학과지성사

등록번호 제1993-000098호
주   소 04034 서울 마포구 잔다리로7길 18(서교동 377-20)
전   화 02)338-7224
팩   스 02)323-4180(편집)   02)338-7221(영업)
전자우편 moonji@moonji.com
홈페이지 www.moonji.com

ⓒ 유하, 2012. Printed in Seoul, Korea

ISBN 978-89-320-2363-2 03810

이 책의 판권은 지은이와 ㈜문학과지성사에 있습니다.
양측의 서면 동의 없는 무단 전재 및 복제를 금합니다.

문학과지성 시인선 **R 02**

무림일기

유 하

2012

내 시의 처음이었던 진이정 시인에게
첫 시집을 바칩니다.

시인의 말

　대학을 졸업하고 백수로 건들거릴 때였다. 난 거리의 한 점쟁이가 예언했던 귀인(그도 백수였지만)을 만났다. 그는 날 '0킬로그램의 요정'이라 불렀다(내 몸을 실은 체중계의 바늘이 늘 0을 가리켰기 때문에). 난 무겁고 뚱뚱했지만, 땅에 아무것도 내딛고 있지 않았다. 그를 만난 뒤 난 시 쓰기에 열중했고, 이 땅에, 나름대로 설 수 있는 무게를 갖기 시작했다. 난 무거워지고 또한 가벼워졌다. 그를 만나지 않았더라면, 아마 난 지금도 꿈의 군살이 둥실거리는 0킬로그램의 요정으로 떠돌고 있을 것이다.

　며칠 전,「마지막 황제」를 보았다. 라스트신이 인상적인 영화였다. 자금성을 호령하던 푸이의 손에 달랑 남은 풀무치 한 마리! 원고를 정리하다 보니, 27년 잡다했던 세월 동안 내 손에 남은 건 고작 풀무치 같은 시 몇 편이라는 생각이 든다. 일생 동안 또 몇 편의 풀무치 같은 시가 남을 것인가.

　풀무치 몇 마리 손에 쥘 생이지만, 그러나 부디 사람을 살맛 나게 해주는 올찬 울음소리의 풀무치를 잡고 싶은 욕망 때문에, 나는 살아갈 것이다.

1989년
유하

무림일기

차례

시인의 말

제1부 인생 공부

개나리꽃 15
인생 공부 16
살아가기 19
피서지에서 생긴 일 20
O 21
코 코 코 22
쏙독새 24
명함판 사진 26
태풍 속보 28
우리는 한배를 탔습니다 30
역시, 적은 아름다운 꽃밭 속에 있습니다 31
꽥! 32
꽃이라 불렀는데, 똥이 될 때 33
오공 시대 34
반창고를 떼며 35

제2부 武林일기

武曆 18년에서 20년 사이 39

무협지 작가와의 대화　43
空心大師　45
강시 천하　48
오늘의 전서구　51
모기떼의 습격　53
정통종합검법　56
중원무림 태평천하　58
소림사이 광두일귀　61
프로레슬링은 쑈다!　63
새마을에 관한 나의 고백　66
교묘한 닭똥집　69
동작그만, 원위치　72
알아서 기는 법　74
몽　76
어떤 나라시에 관한 기억　78

제3부 영화 사회학

전함 포템킨　83
크로커다일 던디　84
고성의 드라큘라　87
13일의 금요일　90
용팔이　92
돌아온 외팔이　94
베드룸 윈도우　97
그로잉 업　100
벤허　102

빠삐용 104
마지막 황제 106
파리애마 108
노스탤지아 112
로보캅 115
황 노인의 외출 117
은장도 120
욜 122
동시 상영 124

제4부 죽도 할머니의 오징어

그대로 두겠습니다 127
바람개비 128
망굴재 주막에서 130
지금, 쑥국새는 132
동전 한 닢 134
들깨밭에서 똥을 누며 135
바다에서 136
죽도 할머니의 오징어 137
원조를 찾아서 138
자동문 앞에서 140
요순시절 141
바늘귀 142
윈드서핑 144
세상아, 놀자 146
물뱀 놓치듯 148

파고다 극장을 지나며 149
별 151

해설|풍자이고 해탈인, · 함성호 152
기획의 말 168

제1부 인생 공부

개나리꽃
──여는 시

온 세상이 다 노랗다
봇물 터지듯 만발한
개나리꽃
시대의 노란 신호등
해빙의 봄일수록
돌아가시오
돌아가시오
한다

인생 공부

체중계의 바늘이 0을 가리키는 내 몸무게에
깜짝 놀라, 당장 시작한 벤치 프레스
하나 하나 늘려가는 바벨의 중량 덕분에
풍선 바람 나가듯, 빠지는 살도 살이지만,
신기하여라 그 무심한 쇳덩어리들이
손 시린 인생 공부를 시킨다

새로운 무거움을 접하며
비로소 나는 새로운 세계를 보게 된다
전 단계의 무게에서, 깔짝깔짝 역기를 농락하던 난,
얼마나 초라한 비곗덩어리에 불과했던가
바벨을 하나하나 늘릴 때마다
나의 자만은 살이 빠지듯
내 몸을 서서히 빠져나간다

가령, 바벨을 늘리지 않고
그다음 단계의 무거움을 짐작하는 자들처럼,
살고 있는 세상을

다 안다고 생각하는 것은 무서운 일이다
그래서 그들은 듣는 귀가 없다

이 세상 모든 것을, 자신이 들어 올리는
타성에 젖은 중량의 권위로
쉽게 잴 수 있다고 믿는 그들에게
새로운 중압감의 고통으로
새로운 깨달음을 얻는 일쯤이야
뻔한 이야기일 뿐이다

그러나 바벨을 하나씩 늘리다 보면,
세상에 뻔한 이야기란 없다
당장 올려놓은 낯선 쇳덩어리의 무게가 나를 압사시킬 듯
그것을 가르쳐주고 있지 않은가
오히려 뻔한 것은,
조금만 무리하게 바벨의 무게를 늘려도
쉬 짓눌려버리는 우리 자신들이다
지금 보잘것없는 무게에도 쩔쩔맨다고 하여

그를 무지렁이라 비웃지 마라
새로운 무거움의 고통을 감수하며
하나, 하나, 바벨을 늘려가는 자만이
결국 새로운 세계를 견딜 수 있으러니!
하나앗 둘……
하나아앗 두울……

살아가기

뭐 되는 일이 없어,
취직 시험 떨어진 날 다리까지 부러져
투덜거리던 후배 녀석의 말처럼
시 쓰는 일마저 무력해져가는
폭폭한 습작의 하루하루
뻥
오늘은 튀밥 튀기는 소리가
종일 동네를 뒤흔든다
괜시리 삶의 어려움에 대하여
뻥까지 말라고
뻥!
뻥!
뻥!
뻥튀기 할아버지가
칠월의 뙤약볕 아래서
뻥을 튀긴다

피서지에서 생긴 일

피서지의 바닷가
밤하늘을 보며
세상에 그냥 얻어지는 즐거움이란
없다는 걸 알았다
별 하나에 어쩌구
별 둘에 어쩌구
그 소시민적 낭만을 얻기 위해서도,
밤새 딱딱 손뼉을 치며
억센 모기들과
피비린내 나는 싸움을 벌여야 했다

○

한가위의 밤하늘
꽉 찬 공표 하나
하늘 아래
정답이 아닌 것들에게도
맞았습니다
유사 이래 한결같은 빛
무서운 ○ 하나

코 코 코

나를 따라 코코코 해보세요
빨간 신호등 켜진 건널목 앞
코가 유달리 오똑한 여선생님의 손가락을 따라
한 떼의 꼬마 아이들이 열심히
자신들의 코를 짚고 있었어
코코코코
입!
선생님의 하얀 손가락은 눈을 가리키고 있었고
으쓱으쓱 보란 듯 건널목을 건너는
답을 맞춘 아이들
다음 파란불이 켜지면 꼭 건너가야지
선생님에게 속은 녀석들은
재잘재잘 불평을 늘어놓으며
코코코 게임을 계속했어
나는 입을 가리킨 영악한 아이들과
함께 길을 건너며
입도 눈도 아닌, 귀를 짚어 까르르
웃음거리가 된 한 꼬마 아이를 생각했어

입도 눈도 아닌 것은
영원히 건널목을 건널 수 없나요?
코코코 게임을 즐기는
힘센 어른들에게
그 아이의 무구한 눈동자는
그렇게 묻고 있는 것 같았어

쏙독새

언제부턴가 쏙독새는 알고 있다
남도의 너도밤나무 숲
흰불나방들이 온몸을 지지고 또 지져도
터질 듯 충전되는 짙은 수액의 힘을
오늘도 달빛은 따끔따끔 찔려 숲 너머
새암물에 상처를 씻고
정글디정근 밤, 쏙독쏙독
무채처럼 썰리어 자빠져간다
밤새 잎사귀의 시린 영혼들
잠 못 들며 뒤척이는 어둠의 숲마다
그리움의 나이테가 내밀하게 원을 그리고
쪽제비 긴 허리를 감싸는
푸른 울음소리, 쉿
너무 깊숙이 들어온 게 아닐까
문득 산허리를 서늘하게 뚫고 지나며 바스락
여문 이슬의 파열음이
강그러진다
오오 내일이면

너도, 너도, 너도
밤송이 같은 머리 쏙독 잘려
젖빛 피가 하늘 가득 굽이치리라

명함판 사진

이력서를 쓰기 위해
명함판 사진을 찍다 난
사진관 벽에 떡하니 걸린
황소의 두상을 보고 피식 웃었어
히히, 소의 명함판 사진이라니
웃으면 어떡해요
어릴 적 할아버지 손잡고 따라갔던
우시장 생각이 나서
소똥 질펀히 쌓인 삼백 년 묵은 측백나무 아래
불안한 듯 끔벅이던 소들의 눈동자
막상 소 장수와 소들 사이의 면접은
너무도 싱겁게 끝이 나더군
너구리 같은 소 장수들은 어금니만 보고
소들의 이력을 잘도 알아내더라고
에이, 이놈은 겁나게 늙어버렸구만
삼촌 대학 등록금 우리 누렁이도
부실한 어금니 덕에 눈물 뚝뚝 흘리며
헐값으로 팔려갔지

자, 이쪽으로 약간만요

찰각—

오늘도 난 스물여섯 해의 부실한 생애를

품질 좋은 어금니로 함축시키기 위하여,

황소처럼 눈을 땡글땡글 뜨고

명함판 사진을 찍었어

찍었어

태풍 속보
―1986. 8. 28 오후 2시 15분 라디오 서울

―13호 태풍 베라가 중부 지방에 상륙했습니다

폭풍우에 젖는 시내버스 안
숭굴숭굴하게 생긴 소년 하나가 창가에 앉아
나지막이 영어책을 읽고 있다

  하우 두 유 두 미스터 베이커 글래드 투 미트 유
  이즈 수미 어 차이니스 걸? 노우 쉬 이즌트 쉬 이즈 어 코리안 걸
  후 아 데이? 데이 아 데이비드 앤드 수미 데이 아 굳 프렌즈……

나는 유리창에 베라의 스펠링을 써본다 vera; 진실
누가 태풍에 진실이라는 이름을 붙였을까 어쩌면 저 스치는 간판들의 숫자만큼이나
베라라는 이름의 파괴자는 너무도 많은 게 아닐까
어릴 적 인기 만화영화 「요괴인간」의 주인공 이름도 베라였어, 나는 사람이 되고 싶다 뱀 베라 베로! 난 일제 만화영화에

죽어라 열광하며 자라났지
   태풍을 곁에 두고 태연히 영어를 중얼거리고 있는 이 아이는 무엇을 베라라 생각할까?

    데이비드 이즈 어 프렌드 오브 마인……

—**자정을 기해 태풍 세력은 우리나라를 벗어날 것으로 예상됩니다**

   그러나,
   베라라는 가면을 그 어떤 파괴자가 벗겠는가

우리는 한배를 탔습니다

역대 우리나라 독재자들은
선장이었습니다

우리는 한배를 탔습니다!

물귀신이 따로 없습니다

역시, 적은 아름다운 꽃밭 속에 있습니다
―고정희 시인의 『이 시대의 아벨』을 읽다

갈수록 노쇠하기보다는
노회해지는
적은

타는 목마름의
신새벽
꼭두새벽마저도

감동적인 꼭두 놀음으로 만들어버립니다

꽥!

개구리가 개골개골
귀가 멍멍토록 우는 밤이었는데

주막에 계신 할아버지 찾아서
개구리 울음소리 길잡이 삼아
그저 산길을 휘휘 걸었을 뿐이었는데

별 하나 없는 칠흑의 어둠 속
개구리 울음 반딧불 떼처럼 환하게 가슴에 스며
무섭지도 않은 산보였는데

이슬 먹은 풀잎에 발목 베이며
돌아오던 새벽 그 산길에
배 터져 죽은 개구락지 개구락지들

모르고 지은 죄
너무 크다는 걸 깨달았을 땐

내 발바닥 다 커버렸구나!

꽃이라 불렀는데, 똥이 될 때

이 곰은 성질이 사나워서
사람을 해치기도 합니다
불곰이 갇힌 철창 으스스한 푯말 앞에서
저 곰 바보 같애
실없이 웃고 있는 구경꾼들
무엇이 성질이 불같은 정글의 왕자를
실없는 바보로 만드는가

갇혀 있기에 길들여진 것은
엉덩이에 까맣게 똥이 눌어붙은
저 꽃사슴 떼처럼, 추하다

이 시는 아름답습니다
꽃향기가 납니다
나도 푯말만 내건 적은 없는가

동물원 꽃사슴 같은 시만
푯말 걸고 노니는 시대에 나는,
갇힌 철창 속에서도
똥을 꽃으로 만개시키는 이들을 생각한다

오공 시대

참 세상 많이 좋아졌지,
절로 말이 새어 나오게시리
라디오 디제이까지 청취자에게 속삭인다
오공비리로 사행시를 지어주시죠

대세가 결판나서 그런가?
오공의 털로 만들어진 손오공 놈들까지도
이젠 단호히 벗어나야 한다고
근두운 타고 날아가듯 벗어나야 한다고 떠드는
오공, 오공, 오공 시대

참, 많이 부드러워졌어
체제의 손바닥

반창고를 떼며

봄날 아침, 찌이익—
창문 틈에 붙여놓은 반창고를 뗀다
지난겨울 바람의 앙칼진 발톱에 긁혀
누렇게 곰삭아버린 나의 방패를 뗀다
그러나 바람은
반창고의 미세한 틈으로 스며들어
나는 겨우내 오들오들 감기에 시달려야 했다
반창고의 끈끈한 완력으로
온 겨울을 봉쇄할 수 있으리라 믿었던 도그마
나의 어리석음
그렇다, 이 세상 모든 순리적 힘들을
그 무엇으로
막아낼 수 있으랴
반창고를 떼고 뻑뻑한 창문을 확 열어젖히니
깨달음 같은 대명천지가
눈멀듯 눈부시게 들어온다

제2부　武林일기

武曆 18년에서 20년 사이
── 무림일기 1

경천동지할 무공으로 중원을 휩쓸고 우뚝 무림왕국을 세웠던
　무림패왕 천마대제 만박이 주지육림에 빠져 온갖 영화를 누리다
　무림의 안위를 위해 창설됐던 정보기관 동창 서열 제이 위
　낙성천마 金圭에게 불의의 일장을 맞고 척살되자,
　무림계는 난세천하를 휘어잡으려는 군웅들이 어지러이 할거하기 시작했다
　차도살인지계*를 누구보다도 잘 이용했던 천마대제 만박
　천상옥음 냉약봉, 중원제일미 녹부용이 그의 진기를 분산시킨 것도 원인이 되겠지만,
　수하친병의 벽력장에 철골지체 천마대제가 어이없이 살상당한 건
　곁에 있는 사람도 자객으로 변한다, 삼라만상을 경계하라는
　무림계의 생리를 너무도 잘 설명해주는 대목이었다
　천마대제가 죽자 무림존폐의 위기를 느낀 동창 서열 제오 위 光頭一鬼 동문혹은
　낙성천마를 기습, 금나수법으로 제압한 뒤 고수들을 규합하였다

그리하여 무력 18년 겨울, 고금성 주위엔 무림의 앞날을 걱정하는

천수신마, 건곤일검, 南海一盧 등 내공이 노화순청의 경지에 이른 초고수들이 암암리에 몰려들었다 그들은

벽안의 무사들에게 빌린 천마벽력탄과 육혈포를 가지고

동창 서열 제삼 위 무적금괴 鼻龍을 제압 중원을 평정하기에 이르렀다

서역의 천마벽력탄 앞에서 무적금괴의 철풍장 정도는 조족지혈이었다

무력 19년 초봄, 칠청단이란 자객의 무리들이 난데없이 출몰해

무고한 백성들을 자객 훈련시킨다며 백골 계곡에 잡아 가둔 사건이 있었다

이른바 소림삼십육방 통과보다 더 악명 높다는 지옥십관 훈련

그러나 대부분 지옥일관도 통과하지 못하고 독가시 채찍에 맞아 원혼이 되었다

그 무렵 하남 땅에선 민초들의 항쟁이 있었다

아, 이름하여 하남의 대혈겁

광두일귀는 공수무극파천장을 퍼부어 무림잡배의 폭동을 무사히 제압했다고 공표, 무림의 안녕을 거듭 확인했다

그날은 꽃잎도 혈편으로 흐드러졌고 봄비도 피비린내의 살점으로 튀었다

이 엄청난 혈채를 어디서 보상받아야 하는가

무력 19년 가을, 광두일귀는 숭산의 영웅 대회에서 잔혼귀존 폭풍마독 등과

형식적인 비무를 거친 뒤 무림맹주의 권좌에 등극하였다

그날 冬天尊者는 그를 일컬어 달마 이후 최고의 미소라며 극찬하였고

무협신문들 또한 일제히 환영의 뜻을 표하며,

혈의방 무사들이 통천가공할 무공을 익히며 호시탐탐 중원을 노리는 이때

강력한 무공의 소유자가 중원을 다스려야 한다고

수심에 가득찬 기사를 썼지만 대부분 인면수심들이었다

천마대제는 갔지만 강자존 약자멸!

이 무림의 대원칙이 깨질 것을 우려한 광두일귀 및 일부 뜻

있는 고수들은

　武曆은 무력으로밖에 지킬 수 없다는 평범한 이치 앞에 숙연해하며

　한층 겸허하게 무공 연마에 정진할 것을 다짐했다

* 남의 칼로 적을 침.

무협지 작가와의 대화
── 무림일기 2

오늘은 관철루에서 죽엽청을 홀짝이다
개방 대학 시절 절친했던 사형 한 분을 만났다
우중일배주라, 운치가 있구만 썰썰
사실 무림의 삼류 대학 개방에서 만나
사 년간 소화자처럼 죽엽청만 마시며 취권을 배웠던 신세였지만,
그도 나도 한땐, 소림 대학의 견고한 나한진을 뚫기 위해
수십만 냥 들여가며 무공 과외도 했고
내공을 몇 갑자씩 증진시켜준다는 비급도 여러 권 읽었다
소림 대학 입산해야 달마역근경도 배우고
일류 검객이 되어 출세도 하는 중원 땅에서,
무림제일문 졸개들에게 쫓기며 터득한 경공술 따윈
아무 쓸모가 없다며 광소를 날리던 사형
그는 대학을 하산한 뒤 기껏 무협지를 쓰고 있었다
어제는 백 명 죽이고
오늘은 고민고민하다가 이백 명 죽였어
죽엽청이 거나하게 들어가자 그는
귀기 어린 안광을 번득이며 전음입밀의 수법으로 말했다

사형은 아마도 하남의 혈겁에 대해 쓰는 것 같았다
마도의 패왕 광두일귀의 공수무극파천장에
칠공의 피를 쏟으며 죽어간 하남 땅 수많은 백성들
허지만 사형, 소설은 현실의 복사가 아니잖소? 절제가……
무슨 닭뼈다귀 같은 소리냐
무협소설은 무림을 그대로 드러내는 데 그 뜻이 있어
내일도 모레도 애꿎은 자들 몇백 명 더 죽어야,
내가 쓰는 무협지가 끝이 날지……
말을 마치자 사형은 단전에 진기를 끌어모은 후
능공허도의 경공술로 섬전처럼 어둠 속으로 사라졌다
비가 그치다 오늘도 관철루 부근에선 어김없이
무림제일문 무사들의 쳐루장풍 출수하는 소리가 들렸다

空心大師
── 무림일기 3

태양혈이 툭 불거진 녹색 갑옷의 무사들이
요사이 강호에 잘 출두하지 않는다
얼마 전까시노 보살이 송연한 얼굴로 호패 검사를 하던
무림제일문의 수많은 졸개들이 단체로
어느 거대한 석실 속에서 엄청난 비전의 절학을 연성하는지
당금 무림계는 폭풍전야처럼 조용하다
불초의 최루장풍을 받아보시오 펑― 으악―
지랄장풍의 맛은 어떻소이까 펑― 으악―
껄껄 각구목 검법이다 앗, 저건 곤봉초식!
기실 무공을 모르는 무림의 그 외 다수들은
그동안 사대문파를 비롯한 흑백양도의 검객들
제 잘난 맛에 휘두르는 장풍과 칼부림 속에서 얼마나
새우등 터지듯 안녕하셨던가
내공이 삼 갑자가 넘는 절정 고수가 탁 손뼉을 치니
억, 진기가 격탕되어 죽고
달마대사의 금강장보다 더 독랄한 최루직격장에 산화하고
호색한 검귀의 채음보양술에 당하고
선진무림창조라는 이름 아래 죽어난 건

언제나 몇몇 주인공 검객들이 아니라
닭 잡을 힘도 없는 백면서생들이었다
내공이 더 증진된 녹색 갑옷 무사들의 재출두를 근심하는
검난지상 그 외 다수의 삶
'최루장풍은 금지되어야 한다' 떠들썩한 기사 속에
오늘자 석간 『무협일보』엔 이번 무림맹주를 뽑는 영웅대회에서
　무림시대의 종식을 외치다 단 삼합에 패한 공심대사의 존영
　허허, 노부를 너무 핍박하지 마시오
　무림 제현들께서는 河南一尊과의 협공을 원했지만
　어디 정도를 걷는 몸으로서 그런 비겁한 술수를 쓸 수 있겠소?
　사실 일대일로 겨뤄도 대세는 결판났었소
　무량수불, 노부가 진 건 그 흑도의 괴수가 암기를 날렸기 때문이오
　노부는 이번 무림대회를 전면 부정할 것이며,
　노부를 성원해준 중원 땅 수많은 백성들을 위해 장차
　더 위맹한 화염장풍과 공심검법을 개발할 생각이오

이번엔 종식이 안 됐어도 이미 대세는 결판났소

다음 기회엔 학실히……

학실히……

강시 천하
── 무림일기 4

무공이 고강한 무인들의 특징이, 태양혈이 툭 튀어나온 데 있다는 건
강호인이라면 다 아는 상식이다 그러나
무공이 우화등선의 경지에 이른 초고수들은 어떠한가
그들은 태양혈이 다시 안으로 갈무리되어 밋밋한 게
일반 필부와 다를 바 없다는 사실

중원무림은, 연약한 필부처럼 보이는
절정 고수의 손에 움직인다
태양혈이 불거져 나온 무사들이야
깝죽거리며 괜히 난폭하기만 할 뿐,
영혼이 환영대법으로 원격조종당하는
탈혼강시 같은 자들이 대부분이다

그간 제자백가를 공부하는 묵객들도
강시 선생들의 턱없는 장풍에 맞아
얼마나 숱한 선혈을 토해냈는가
순자는 무조건 쓰지도 읽지도 말라

노장사상은 무림제일문 권력 찬탈과 관계되니
　뻥긋하는 놈들은 장풍을 맞으리라
　묵자의 삼환*을 들먹이는 놈들은 실없이 언어유희했거나,
　공평히 밥 나눠 묵자는 불온한 자들이므로
　만년한철로 만들어진 지하뇌옥에 가두어버리겠다

　강시의 핍박을 받은 피해자들이 항의차 그들의 지존을 찾아
가면,
　범상한 필부의 얼굴을 한 지존은 온화한 자태로 쾌소를 날
린다
　허허, 우리 아이들이 너무 경거망동한 것 같소이다
　뭣들 하느냐, 정중히 모시지 않고
　함과 동시에 전음입밀의 수법으로
　환영대법을 펼쳐 탈혼강시들에게 명령한다
　오늘 오신 분들을 정중히 척살하라!

　그런데도, 兩敗毆傷을 두려워하는 소림무당 화산의 장문인
들은

함부로 강시들을 협공하지 못한다
환영대법을 시전하는 지존이 건재하는 한
아무리 죽여도 죽여도
강경하게 되살아나는 불사신의 강시들
허나 보통 안력으로, 수많은 범인들 사이에서
범인들처럼 태양혈이 밋밋한 절정고수를 알아내기란
얼마나 어려운 일인가

중원무림에선,
신묘한 안력을 가졌다는 이유 하나만으로도
만년한철의 지하뇌옥에서
신음하는 강호인들 너무 많다

* 三煥 또는 三患. 飢者不得食, 寒者不得衣, 亂者不得治.

오늘의 전서구
— 무림일기 5

무림맹은 다음과 같은 전갈을 보낸다

무림 비무대회가 열리면
무림제일문보다 소림파나 무당파가 우세
불쾌한 표현이니 비판하라

오늘 있는 공심대사와 하남일존의 비무 사진은 싣지 말 것

신무림방에 소림파 제자들 화염장풍 쏘다
보도 보류 바람

분근착골 육골분시 같은 과격한 표현보단
단순히 혈도 제압이라 순화시켜 쓸 것

중원에 愛夷酒 환자 일만 명
사실무근이므로 보도하지 말 것

사천표국 색마 검귀의 채음보양술 사건은

단순히 차력음양대법이라 쓸 것

죽엽청과 삶은 만두 먹는
무림 맹주 사진 크게 실을 것!

(말 안 듣는 무협신문은 고량주 잔뜩 줄 것!)

…

모기떼의 습격
── 무림일기 6

중원무림이 성하지절을 맞아
일진광풍이 불듯 크게 술렁이고 있어
광두삼귀와 관련된 신무림방 비리 때문에?
중원 이북 혈의방 청년들과 적수공권으로 만나려 하는
장안의 백면서생들 때문에?
그거야 『무협일보』 읽는 강호인들이면 다 아는 거고
실은 뜬금없는 얘기 같지만, 모기란 녀석 때문이야

그놈의 모기가 뇌염 옮기듯, 애이주라는 걸
옮긴다는 확인되지 않은 설이 중원 바닥에 파다하게 퍼져 있어
애이주란 무슨 술 이름이 아니고
태원루 근방의 반남반녀 음양동자들이 서역에서 온
벽안의 무사들과 운우지정을 나눈 뒤 옮은 일종의 전염병인데,
일단 이 병에 걸리면 온몸의 혈도가 막히면서
시름시름 앓다가 몸이 썩어 죽는다는 거야
장안의 명의 귀수신의도 이 병엔 두 손 들었어

천하의 명약 만년설삼 천년하수오도 효과가 없대

하여, 장안의 태원루 근방
벽안의 무사들과 함께 기거하는 무림맹의 검객들은
한여름인데도 불구하고 이불을 머리끝까지 뒤집어쓰고
모기에 안 물리려고 전전긍긍한다는 거야
혈기방장한 무림의 공자들이 들락거리는 홍등가도 파리 날린대
월궁의 항아 같은 미녀와 운우지락을 나눈 대가도 아니고
한갓 모기에 물려 개죽음할 수 없다는 거지
이럴 때일수록 집에 앉아 죽엽청을 마시거나
욕정을 쫓는 운공조식 따위를 하고 있는 게 상책이지

각설하고, 진짜 큰일은 찬바람이 불 때 일어날지도 몰라
바다 건너 벽안의 무사들이 득실득실
중원에서 벌어지는 비무대회에 참가하러 올 테니까

벌써부터 귀수신의는 잔뜩 검미를 치켜 모으며

중원 땅 무혈의 대혈겁을 예고했어
비무대회가 끝남과 동시에 무림의 재앙은
장풍도 검도 아닌, 음양동자들의 항문에서 비롯될 걸세 크크

아직도 애이주를 무슨 술 이름 알듯
안일하게 대하는 강호인들이 많아
사후에 모기장 칠 놈들
아얏, 이놈의 모기

꺼림칙하다!

정통종합검법
―무림일기 7

　서역국 벽안의 검객 마라선사가 창안했다는 정통종합검법
　정통기본검법 정통핵심검법을 건너뛰고
　무림고교 입산하자마자 우쭐우쭐
　달마역근경이나 구양진경처럼 품에 간직하고 다니면
　무림인의 무공 수련 기본 필독서 정통종합검법
　소림 무당 화산대학 입산하려면 이 비급 다섯 번은 통독해야 하느니라
　담임사부와 무공과외 사부가 입버릇처럼 달고 다니던 정통종합검법
　기본 초식부터 차근차근 깡따위 선생!
　각 도장마다 정통종합검법 강좌가 넘쳐나고,
　중원을 다스리는 벽안의 검객들 눈에 들기 위해
　종합적 정통 무인이 되어 입신양명하기 위해
　모든 중원의 젊은이들이 달달달 암송하던 정통종합검법
　정통종합검법 수련을 운기행공으로 시작해서
　공부 시간 남가일몽 같은 정통종합검법 터득하는 꿈을 꾸다
　관철도장 깡따위 선생에게 기본 초식부터 차근차근 가르침을 받고

정통종합검법 각종 초식을 외우며 잠들던,
정통종합검법으로 인해 단순 명료했던 나의 하루하루
하지만 끝내 삼 년간 제일초식 명사검법밖에
터득하지 못했던 정통종합검법
명사검법 중에서도 유독, 붓은 검보다 강하다
검약필강의 구결만 떠오르는 정통종합검법
지금도 중원무림의 젊은이들이 일류 검객이 되기 위해
무심결에 암기하고 있는 검약필강의 구결
무공비급에 묵시록적으로 도사리고 있는 검약필강
길을 나서면 언제 어디서 장풍 맞을지 모르고
날카로운 비수가 몸의 한구석을 노릴지 모르는 중원 땅,
정통종합검법을 맹목적으로 익히는 중원무림의 젊은이들이
검약필강의 은밀한 구결을 뼛속 깊이 해독해내는 날
붓의 무형강기가 그 어떤 초식보다 날카롭게
중원무림을 정통으로 꿰뚫으리라
중원은 정통성을 되찾으리라

중원무림 태평천하
── 무림일기 8

중원 제일미를 뽑는 미인 대회에 중원 땅이 떠들썩하다
서시 같은 얼굴, 수밀도 같은 젖가슴, 팽팽한 둔부의
여인만이 대우받는 중원무림
무공이 고강한 고수들만을 사랑하는 강호의 여인들
난 어제 한 아리따운 낭자에게 닭 잡을 힘도 없는
시인묵객이란 이유로 퇴짜의 장풍을 맞고
울컥 선혈을 한 모금 토해냈다

몇백 년 연성해야 겨우 익힐 수 있는 수갑자의 내공과
개세의 무공을, 단 한 번의 기연으로 터득해
졸지에 벼락 고수가 될 수 있는 중원
그리하여 착실히 무공을 쌓는 강호인들 거의 없다

어제의 무림맹주가, 오늘 무림의 공적
그는 무공의 탐욕을 지나치게 부린 나머지
주화입마를 당하고 무공이 폐지되었다
온데간데없어진 그의 아방궁
중원 땅에 득실거리는 운신술의 도사들

벽안의 무사들이 탈명구혼의 수법으로 수태한 중원 여인의
배를 걷어찼다 유 아 쏘리 익스큐즈 유!
동영의 사무라이들이 강남루에 출몰해
피의 닛뽄도를 휘둘렀다

압구정성 홍 낭자는 단도 하나로 먹고사는 여검객이다
그 소저의 절륜한 면도검법과 운우지법
퇴폐를 즐기는 자들이
퇴폐를 탄압한다
그녀의 면도검법에 언젠가 목이 베일 날이 있을 것이다

모든 기연을 없애고, 밥을 공평히 나눠 먹자는 책은
모조리 무림의 금서다
분서갱유의 세월
그러나 진시황도 만리장성 안에서 죽었다

강호에 나서면 살기가 뻗치지 않은 곳이 없다
오대요혈을 노리며 어디서 장풍과 표창이 날아들지 모른다

무협방송은 매일 강호인들에게 미혼약을 뿌리고
섭혼술을 쓴다

한쪽 날개로 날으는 붕새를 보았는가?
그런데도 요즘 무림계에선
붕새의 양날개 싸움으로 세월을 보낸다

아미산 근처, 나찰교가 다스리는 중원 최대의 홍등가
중원의 미녀들은 홍등가에 다 있다
그곳의 여인들은 고도로 회음혈을 단련시켜,
나찰교의 독문절학인 가공할 묘기를 부린다
죽엽청 마개 따기
붓글씨 쓰기
그녀들이 쭈그리고 힘겹게 쓴다는
중원무림 태평천하

눈물겨운 태평천하
이것이 붓글씨처럼 새까만 중원의 앞날인가

소림사의 광두일귀
── 무림일기 9

단 일 검으로 삼 장 거리의 나뭇잎까지도 베어버린다는
공전절후한 필살 검법의 소유자 건곤일검 호용비도
자신은 검법의 검 자도 모른다며 소매를 휘휘 저었다
공수도 한 방이면 온 무림을 시산혈해로 만들 수 있다던
냉면나찰객 왕쇠도
불초는 그런 말을 해서도, 할 수도, 한 적도 없었다고
뜨거운 차 한잔 마실 동안이나 홍알댔다
이렇듯 일세를 풍미한 고수들의 오리발 검법이 난무하는 가운데 열린 무림 청문대회
그러나 정작 모든 재앙의 장본인인 광두일귀는
삶은 만두피 하나 만진 적 없다는 그의 처 독서시 염자홍과 함께
한때 그가 탄압했던 소림사에 은거하며
공수무극파천장의 독랄하고도 광오한 구결 대신
공즉시색 색즉시공을 끝없이 중얼거리고 있었다
무림사의 허망함과 함께 깊어가는 소림사의 겨울
당금에 들어 본좌는
장강의 앞 물결은 뒷 물결에 밀릴 수밖에 없다는

무림의 진리를 새삼 뼈아프게 깨닫고 있소
허나 만일 더 이상 본좌를 용담호혈로 밀어붙인다면
무림계의 그 누군가와 동귀어진*할 수밖에 없소
헐 헐 헐

* 일 검으로 상대방과 함께 죽는 검법의 한 종류.

프로레슬링은 쑈다!

박통 시절, 박통 터지게 인기 있었던 프로레슬링
김일의 미사일 박치기에 온 국민이 들이받혀서
빅통 터지게 티브이 앞에 몰려들넌 프로레슬링
흡혈귀 브라쉬
인간 산맥 압둘라 부처
전화번호부 찢기가 전매특허인 에이껭 하루까
필살의 십육 문 킥 자이안트 바바
빽드롭의 명수 안토니오 이노끼
그 세계적인 레슬러들을 로프반동
튕겨져 나오는 걸 박치기! 당수!
또는 코브라 트위스트, 혼쭐을 내주던
김일 천규덕의 극동 태그매치 조

저녁 여덟 시면 나를 어김없이 만화 가게에 붙잡아놓던
그 흥미진진한 프로레슬링이
어느 순간 시들해진 건 무슨 이유일까
왜 모두들 외면했던 것일까
프로레슬링 유혈 낭자극을

유난히 좋아했던 박통이 죽어서?
김일 같은 스타 레슬러가 안 나와서?

항간에 떠도는 루머 중 가장 유력한 설은,
국내파 레슬러 장영철이 프로레슬링은 쑈다라고 외친 다음부터라는데……
사건의 전모인즉슨, 자신과 비기기로 각본을 짰던 김일이
약속을 어기고 넉 사 자 굳히기를 해버렸다지 아마
이에 열이 받은 장영철이 마이크를 잡고 장충체육관이 떠나가도록
프로레슬링은 쑈다! 폭로했다는 얘기
믿거나 말거나지

그러나, 어디 쑈가 한두 가지인가
여기저기서 그건 쑈였다 밝혀지는 게 한두 가진가
남 박통 터지는 거 되게 좋아했던 박통의 근엄한 얼굴도
그의 정치도 친애하는 국민 여러분도, 실은
쑈쑈쑈였다!

그 밑에서 같이 태그매치하던 놈들까지
프로레슬링 심판처럼 으레 반칙을 방관하던 놈들까지
회고록이다 뭐다 지금 떠들어대지 않는가

레슬링 쑈는 한두 사람 박통 터지면 그만이지만
정치 쑈는 온 국민을 박통 터지게 하지
지금도 링 뒤에서,
첫 판은 네가 알밤까기 엉덩방아찧기 풍차돌리기
둘째 판은 내가 헤드록 날개꺾기 보디슬럼
박통 맞대고 통박 굴리는 놈들

그런 의미에서, 아직도 프로레슬링은 끝나지 않았어
프로레슬링은 쑈다라는 말도 유효해
매일매일 애꿎게 로프 반동 당하는 우리 국민들
역으로 놈들을 드롭킥으로 넘어뜨린 후
새우꺾기 해버리는 날까지
원 투 쓰리
땡땡땡

새마을에 관한 나의 고백

방금 나온 특보요 특보, 전경환 씨 구속!
요즘 새마을 새마을 한참 떠들어대는데
보아하니 거기에 연루된 인사들이 줄줄이 사탕 같은데
가만, 나도 이번 기회에, 새마을에 관한 자그마한 비리 하나
고백해야 할까 봐

국민학교 적 얘긴데,
와이루 안 먹인 탓에 난 반장 선거에서 떨어지고
겨우 홈룸 시간에 말 한마디 하는 권세밖에 없던
새마을 부장이란 미관말직을 얻었지
난 고것도 자랑하고 싶어, 새마을 부장이라 새겨진
플라스틱 배지를 가슴에 달고 다녔지 뭐야
새마을 부장이 하는 일이란 매일 아침
주번들과 새벽종이 울렸네 노래 부르기
화단 가꾸기, 주번일지 쓰기, 그러나 뭐니 뭐니 해도
가장 중요한 임무는 폐품 걷기였어
와중에 명예욕이 강했던 난 옆반 폐품 무더기로 훔치고
부모 몰래 새 책들도 들고 나와 보태고 해서

폐품 수집 전교 일등 반을 만들었어
난 재임 기간 동안 열심히 한 거야
새마을을 위해서라면
당장 쓰는 교과서 아니라 뭐는 폐품으로 못 내리

덕분에 난 종업식 때, 문교부 장관 표창장을 받았어
킥킥, 예나 지금이나 우리나라에선
따귀와 표창은 한 끗 차이 아냐?
위 사람은 폐품 수집에 남달리 열성적으로 참여한바
타의 모범이 되었으므로 이에 표창함!
문교부 장관 대독

하여간 말야, 신문지만 보면 고리짝
폐품의 비리가 자꾸 떠오르지 뭐야
새마을이 톱기사로 실린 신문을 좍 펼쳐 드니, 정치면을 가득 메운
그때나 지금이나 에스컬레이터처럼 돌고 도는
너무도 낯익은 이름들

역시, 문제는 폐품이야

새마을이든 뭐든 우리나라 잘되려면

폐품을 잘 활용해야지

그럼

교묘한 닭똥집

이태원, 라이브러리 디스코텍이 건너다보이는
포장마차, 닭똥집 굽는 냄새가 고소하다
닭장 들어가기 전에
닭똥집에 좍 소주 한잔 어때요?

뭐, 닭장 화장실에서 소피 마려워 닮은 영계 하나가
계간을 당했다구 경사 났네, 경사 났어
소주 한 모금 마시고 삐약삐약거리는
부리 샛노란 영계 자식들

야, 지워버려…… 술 취한 영계 한 쌍이
닭똥집 위에 닭똥 같은 눈물을 흘리고
그 옆엔 중년 노계들의 영계 예찬론
요즘은 아랑드롱이나 록 허드슨 닮은 콜영계도 있대 글쎄

록 허드슨은 에이즈 아냐
똥구멍에 삽입하는 놈들
닭똥집에 AIDS 균이 득실거려?

호홋, 괄약근이 근질거리네

AIDSCO 클럽엔 오늘도
병아리 떼 뽕뽕뽕 봄나들이 갑니다
대머리 독수리 같은 닭장 주인은 매일 약병아리만
터치 바이 터치* 한다나 그것도 십육 년 짜리루다가……

코리안 푸씨 넘버 하나, 투 타이트!**
투계처럼 생긴, 반쯤 풀린 눈의 G.I 녀석이
엄지손가락을 치켜들며 꼬꼬댁거린다

저런 닭대가리, 한국산 영계가
세계적인 수출 상품인 것도 몰라
너, 그런 식으로 삐딱하게 얘기하면 닭장차 탄다
요즘 닭장차 닭장차 그러는데
닭장 전용 버스를 말하는 거니?

자— 다 같이, 자연스럽게 닭똥집

둘이 먹다가 하나가 죽어도 무관심할 닭똥집,

쫄깃쫄깃한 닭똥집,

고소한 닭똥집,

교묘한 닭똥집,

구린내에 살짝 참기름 입힌

교묘한 닭똥집

* 그룹 조이의 노래.
** Korean pussy number one, too tight.

동작그만, 원위치

왁스 반들거리는 나무 복도에서 불 맞은 강아지처럼 우당탕 미끄럼질하는 아이들을, 동작그만, 한마디로 소금 기둥 만들고 고스란히 걸상에 원위치시키는 선생님은 얼마나 흐뭇할까 신나는 미끄럼질 동작그만 당하고 대걸레 자루에 엉덩이가 얼얼할 때마다 생각하던,

동작그만 원위치라는 신비의 주문

대걸레 자루만 쥐어도 그 영험한 주문에 맛 들리는데
더 강력한 자루를 쥔 자들은 어떨까?
따분하게 비디오 정지화면 버튼 누르듯
뻑하면 외쳐대는 동작그만 원위치
자신의 동작과 일치하지 않는다고 동작그만 원위치
혼자 잠들려 하는데 삼천만이 떠든다고 동작그만 원위치
소돔 성에서 조금 부화방탕했기로서니
뭘 자꾸 뒤돌아 살펴보느냐고 동작그만 원위치

어? 눈동자 돌아가는 소리 들려요
어? 침 넘어가는 소리 들려요

꼴깍 소리도 동작그만 원위치
유리겔라의 심정으로 동작그만 원위치

그러나 녹아라, 했는데 녹지 않아
순간 똥빛이 되는 유리겔라의 얼굴을 보았는가

이젠, 삼천만이 펄펄 깨어 있는데도
동작그만 원위치! 잠꼬대하는 놈이 있다
저 혼자 홍알홍알거리는 놈이 있다

알아서 기는 법

오줌이 찔끔거리도록 미안하게시리 가정 통신표가
미양미양거릴 때, 알아서 종아리 걷고
알아서 감나무 회초리 꺾어 부모님 면전에 서면 빙그레 웃음
알아서 기면,
알아서 선처해준다는 사실을
호적에 잉크도 마르기 전 그때 희열을 느끼며 알았지

수염이 거뭇거뭇 나이 먹으며
온몸으로 체득했던 알아서 기는 법
고참이 얼굴만 찡그려도, 알아서 선착순
알아서 푸샵하면 푹 쉬어 하듯,
아아 알아서 길 때 모든 게 알아서 편리한 세상

'잘 안 보이는구만' 한마디에 알아서 휑한 벌판에
바벨탑 같은 건물 쌓고, '뭐 보람된 일 없나' 한마디에
알아서 아방궁 짓고, '황량하구만' 한마디에
알아서 수만 평 초원을 하루아침에 울창한 숲으로 만드는,
알아서 포복하는 데 숙달된 조교의 시범을 보이는 자들

알아서 기는 것도 이 정도면 올림픽 금메달감이긴 하다만
알고 보면, 그토록 처절하게 알아서 기는 일도
결국 님을 밟고 우뚝 서기 위한 것

그러나, 알아서 기는 법을 익히다 보면
왜 알아서 일어나진 못할까
왜 다들 끝내 지네처럼 기어다니는 것일까

나도 지금까지 얼떨결에 알아서 박박 기다 보니
무르팍 까지는 줄도 몰랐다

거, 알아서 무릎 보호대 찰 수 없나? 새꺄

몽
──80년대의 신문을 뒤적이다

문득 버마 하면 떠오르는 건, 박스컵과 축구
지금 돌이켜보면 박스컵이란 이름 뒤에 숨겨진
음흉한 단꿈의 의미도 맹랑한 것이지만
축구 잘해서 박스컵 자랑스레 가져가던 버마의 젊은 청년들
얼마나 본전도 안 빠지는 장사했던가 헛노동했던가

수중전에 유난히 강해서, 고질적 문전 처리 미숙의 왕자
한국을 따돌리고 크메르나 태국과 결승전을 벌이던 버마
지금처럼 수만 불 개런티도 없는 박스컵을
꿈꾸듯 몽몽거리며 가져갔지 흑백 티브이 영상과 함께
지금도 생생하다, 까무잡잡한 피부에 다람쥐처럼
민첩하고 꾀바르던 그리운 버마의 축구 선수들
몽몽틴 몽틴몽 몽윈몽 몽애몽……

박스컵도 가고 버마 항쟁도 잊혀진 90년 아침
난 지나간 신문들을 버리려다
그들을 다시 만났다 한겨레 외신 사진에 실린,
피의 수중전을 벌이며 성난 물소의 기세로

총칼의 바리케이드를 허무는
제이 제삼의 몽몽틴 몽원몽 몽애몽들

독재란 꿈은 결코 영원할 수 없다는 것을,
몽깨몽!
군화에 키스하는 버마 시민의 얼굴이
또다시 나를 깨우는구나

이젠 결정적 순간에,
자몽의 나라 태클에 걸려 넘어지지 말자
결정적 순간에 헛발질하지 말자

어떤 나라시에 관한 기억

택시 총파업하던 날 기억나?
그때 나라시* 하던 놈들 돈 좀 벌었지, 나도
칠천 원 주고 난생 처음 나라시라는 걸 타보았어
삼십여 종이 넘는 서류 떼기 귀찮아서 택시 운전 안 하고
파업이니 뭐니 차라리 쌈박하게 나라시 하는 게 낫다는,
덩치가 집채만 하던 털보 운전사
이번만큼은 어떡허든지 군정종식 시켜야죠
나라시를 하면서도 나라 걱정 되게 하던 그 사내, 그러면서도
삼김 씨 중에서 JP팬이라는 둥 횡설수설하다
서초동 지나는 길에 웬 만취한 여자애가 발로 차를 세우는 시늉을 하자 이 사나이, 갑자기 차에서 내려
솥뚜껑 같은 손으로 그애의 뺨을 갈겼어

내 비록 나라시 하는 놈이지만 저런 꼴 못 봅니다. 나도 자식 키우는 놈이지만…… 하여간 도덕이 땅에 떨어졌어요
아닌 밤중에 홍두깨라더니 졸지에, 뜬금없이 심야방송 디제이처럼 잘난 척하는

그 사내에게 장시간 공자 말씀을 강의 받았지
　그 친구 눈초리가 하도 매서워 나도 끄덕끄덕 맞장구치며
홍알거렸지만, 결국 네놈의 말씀인즉 한마디로
　도둑에게도 도가 있다는 거 아냐
　그러고 보니 짜식 꼭 도척같이 생겼군 혼자 킥킥댔지
　나라시 하는 자에게 인의예지를 다 배우고, 그래
　학이시습지 불역열호라, 배우는 데 나라시 운전사면 어떠냐

　그 옛날 캐비닛 속에 날 처넣고 군화로 짓이기던 교련 선생
　다 널 인간 만들려고 그러는 거야
　사랑의 매도 몰라?
　독랄한 고문 전문가도 일요일이면, 믿쉽니다
　독실한 믿음으로 구원의 기도 드리는 나라
　뭐 그리 자랑스러운 게 있다고 잔당을 부득부득
　본당으로 고쳐 부르는 화상들

　국민들이 피 흘려 길 닦아놓으면
　정치 나라시 하는 놈들이 먼저 지나가는구나

도척 같은 놈들만 우선순위로 지나가는구나

　진실이 파업 중이니, 나라시 천국이라
　다 나름대로의 도를 가지고
　이 나라 오만 가지 나라시가 성행 중이야
　명절이 가까워오는 오늘도, 저것 봐 신나게 한 건 올리는 자들
　어? 내 앞에도 멈춰 섰네
　아저씨, 편하게 갑시다

　* 자가용 영업 행위.

제3부 영화 사회학

전함 포템킨
—영화 사회학

몽타쥐 기법의 마술사
에이젠슈타인 선생이 만든
세계 영화 사상 불후의 명작
전함 포템킨
특히 오뎃사 계단 위의 군중 학살 장면은
몽타쥐의 진수를 보여준다
발포하는 코사크 병사들
계단 위에 피 흘리며 뒹구는 군중들

우리나라 영화학도들은 그 장면을
바이블처럼 뒤적이며
몽타쥐를 배운다
같은 학살의 경험이 있는,
우리나라 몽타쥐 발전을 위해

진실을 요리조리 잘도 빠져나가는
약삭빠른 다람쥐
우리나라 몽타쥐

크로커다일 던디
——영화 사회학

격렬한 투석전을 벌이던 시위대가
지랄탄에 쫓겨 뿔뿔이
골목골목으로 뛰어든다

눈물과 재채기가 고통스레 뒤엉킨 골목 안
와중에 누가 섹시하게 웃고 있는가 보았더니
벽마다 덕지덕지 붙어 있는 극장 포스터,
뉴욕의 금발 여기자가
오예, 도기 스타일doggy-style로 해주세요
함박만 한 넙떡치를 쑥 뒤로 뺀 채
미 국무성 논평처럼 엉거주춤 앉아 있다
역시, 양키들은 마당발이구나

당신에겐 지금, 야성이 필요하다
                    ——대한

크로커다일 던디의 선전 문구처럼
95%가 글을 읽을 줄 아는

지성의 한국인들에게 필요한 건 이제
악어잡이 같은 거칠고도 냉철한 야성인가
거대한 악어가죽처럼 빛나는 전경들의 방패 숲
악어는 자신의 먹이 앞에서 군침을 숨긴 채
불쌍하다고 눈물을 흘린다지
악어들이 다스려온 대한민국 현대사

쏘지 마! 쏘지 마!
시민들의 함성 속으로 눈가루처럼 흩어지는 최루가스
금발의 외신기자가 와서 묻는다
엣취, 홧 이즈 쏘지 마?

악어의 눈물에 몇 번씩 속아
피눈물을 흘려본 이들의 절규야 피플 파우어
남은 건, 모두들 능란한 악어잡이가 되어
악어가죽 벗기는 일

절박한 것은 때로

도저히 불가능한 상황 속에서 이루어진다
러시아워의 뉴욕 지하철 역
빽빽한 인파에 가로막힌
악어잡이 던디가, 순간적으로
군중들의 머릴 밟고 뛰어가
연인을 부둥켜안는 라스트신처럼

명동 거리 남대문 거리 종로 거리 광화문 거리
철갑의 악어 꼬리가 바람을 가르는
그 건널 수 없던 늪을, 보라
시민들이 가득 징검다리로 서 있다
이런 상황에서 악어가죽 벗기는 일은 다 된 밥
단, 악어의 눈물에 끝까지 방심하지 말 것

고성의 드라큘라
──영화 사회학

임산부나 심장 약하신 분 관람 사절!
옆 사람을 붙잡아라 그것만이 살길이다!
집박쥐 떼가 초승달의 하늘을 뒤덮으며
새로 지은 거대한 고딕 양식의 교회 건물로 날아가는 시각
나는 한 편의 드라큘라 영화를 찍는다

푸르딩딩한 달빛 아래
고성을 연상케 하는 교회의 실루엣
스멀스멀 날아가는 박쥐 떼
(흡혈박쥐가 아니라 아쉽긴 하지만)
세트장으론 여기만큼 안성맞춤이 없어
카메라 좋고 조명 좋고,
레디 고!

부스스 관을 열고 일어나는 드라큘라 백작
내가 너희들의 일주일간 더러워진 피를
세척해주겠노라
귀부인들을 차례로 유혹해 목을 물어뜯고

피의 포도주 축제를 벌이는 드라큘라
뱀피에라* 역엔 드라큘라 조지 해밀턴과 염문을 뿌렸던
이멜다 여사가 어떨까
매일 우유로 목욕했음직한 하얀 살결에서
주르르 흘러내리는 핏방울, 날이 새면
그 귀부인들은 드라큘라의 믿음 충만한 종이 되어
타인의 목을 물어뜯는다
빨고 빨리는 피의 먹이 사슬
낄낄 드라큘라 백작의 음산한 웃음소리
캇!

일요일 아침, 화사한 옷차림의 여인들이
호호거리며 교회 문을 나선다
하루 종일 걸어도 그녀들의 땅을 벗어날 수 없다는,
뽀얀 목덜미의 여인들
이미 오래전 고성 같은 저곳에, 혹
가슴에 못 박혀 죽은 흡혈귀 드라큘라가
재림한 건 아닐까?

하여튼 난 너무 영화적으로 생각하는 게 병이라니까

목덜미가 서늘하다

* 드라큘라의 부인.

13일의 금요일
―영화 사회학

파라마운트사 제공
외딴 별장(F.I)
우우우 승냥이 울음소리
호숫가에 달빛처럼 새어나오는 소녀들의 교성

음산한 음악 소리와 함께 오월의 신록을 헤치며
시퍼런 도끼가 철렁, 화면 가득 등장한다
화려한 도륙을 위해 별장으로 성큼성큼
걸어가는 살인마 제이슨, 모조리 죽여버리리라
잘난 너희들의 대가리를 차례로 부숴주마

곰발바닥 소발바닥 노는 젊은 남녀의 모습과
다가가는 거대한 제이슨의 모습이
긴박하게 커트백된다 나는 놀랄 준비를 한다
눈을 포커스 아웃 시켜보기도 하고
애니메이션 촬영처럼 깜박깜박……

달빛에 드러난 제이슨의 흉측한 얼굴

공포 영화에 나오는 살인마의 얼굴들은 왜
죄다 고지식하게 생겼을까
무차별 내리찍는 도끼날
퍽퍽 날아가는 애꿎은 청춘 남녀의 목

가령, 앞에선 옆집 아저씨 같은 친근함으로 악수하고
뒤돌아서면 등을 찌르는,
인자한 미소의 도살자들 얼굴과
저 피의 아수라장 커트를 몽타주로 연결한다면?

워메, 징헌 거!

잔뜩 클로즈업된, 제이슨의 일그러진 얼굴
감았던 눈을 번쩍 뜬다(F.O)
짜식, 순진해 터지긴

용팔이
── 영화 사회학

 친구가 깡패들헌티 디지게 맞았다는 전화를 받고설랑 미친 년 가심으로 병원 문을 열어제끼니께 아따, 요것이 뭔 일이당가 칭칭 붕대를 감치고 눈만 깜작거리는 녀석의 얼굴⋯⋯ 아홉 명에게 당했어, 이눔아 니 별명이 암만 이소룡이라 혀도 그렇지 어쩔라고, 그쪽은 주먹이 열여덟 개 아녀, 이 썩을 놈아. 낯바닥이 만신창이가 된 와중에도 녀석은 날 웃기드랑게 현실과 영화는 다른 거드라 히히, 허기사, 국민학교 적 홍콩 영화에 미쳐설랑은 반 아그들은 사무라이, 지는 이소룡 까욱까욱 괴조음을 지름서 구성없이 다릴 내둘던 친구, 아따 지랄 방정, 뙤놈보단 아무려도 용팔이 아니드라고 전라도서 갓 전학 온 난 질세라 용팔이 숭내를 냈제 나가 의리의 사나이 용팔이란 말이시 깡패 두목 허장강을 능글능글 꼬나봄시롱 검은 장갑 낀 주먹을 휘둘러쌓던 용팔이 박노식, 하여간 전라도서 올라오면 다 용팔이야 작가 신봉승 씨의 농담처럼 그땐 참말로 용팔이 시대였당게 박노식의 구수한 사투리허고 인간미 잘잘 넘치는 얼굴에서 냅다 싸질러대던 그 살인적인 주먹, ⋯⋯ 근디 말이여, 지나봉게로, 모두들 그 징헌 놈의 폭력을 갖고 교묘하게 미화하고 거창하게 포장혔던 거 아녀, 아닐랑가? 아

그들 적, 쌈질하다 때리고 들어오면 암시랑 안 혀도 터지고 오면, 빙신아 비싼 밥 먹고 왜 맞냐 무장무장 커감서 알았당게, 우리들 가심속에 의뭉하게 들어앉은 미운 놈 직사허니 패고 싶은 고약한 심성 말이여 실은 나도 용팔이처럼 그 깡패놈들 다리몽뎅이를 작씬 분질러주고 싶었다니께

 박노식에서 이대근으로 얼굴만 바뀌었을 뿐
 시방도 계속되고 있는 용팔이 시리즈
 로스앤젤레스 올 로케, 엘에이 용팔이!
 거 뭐시냐, 장관님들 국회위원님들 모이신
 신성한 국회의사당에서도
 각구목 용팔이 선상은 으디 있다요?

돌아온 외팔이
── 영화 사회학

응? 살기가······!
핑핑 비수가 날아오고, 잽싸게 주인공 외팔이가 몸을 날려
내려선 곳은 소림사의 잔디밭, 아차차
'잔디에 들어가지 마시오' 하얀 푯말이 그대로 화면에 비친
웃지 못할 국적 불명 무술 영화
싸구려 제작비에 재미는 시시껄렁해도
어눌한 영상 속에 걸핏하면 나오는, '하산해도 좋느니라'
깊은 산중 사부님의 쩌렁쩌렁한 말 한마디 속에서
문득 심오한 철학적 의미를 발견한다
복수를 위해 남해신검의 제자가 된 지 어언 십오 년
비로소 비전의 절학을 배우고 하산하는 외팔이
가는 곳마다 똘마니들이 찌럭찌럭 건들지만
끝끝내 검을 뽑지 않는 외팔이
아아 어떻게 배운 팔만사천 검법인가
물 긷고 밥 짓기 삼 년
나무하고 장작 패기 삼 년
빨래하고 아흔아홉 계단 쓸기 삼 년······

피아노 단기 완성!
대입 미술 이 개월 책임 지도!
돈만 내면 즉석에서 흔쾌히 모든 설 전수해주는,
오늘날의 화끈한 싸부님 싸부님들
발랄한 제자들은 아무 때나 발랄하게 하산하여
아무 때나 아무 때나 칼을 뽑아 든다
복싱을 배우고 나면 흉기 같은 주먹으로 기껏 아내나 패고
소리를 전수 받으면 뽕짝이나 부르고
무술을 배우면 약장수 아니면 정치 깡패나 되는,
얄밉도록 발랄한 현실의 제자 여러분들

그러고 보면, 자신의 재주를 삼가고
귀히 여긴다는 것은 얼마나 어려운 일인가
아무리 황당무계한 삼류 무협영화지만
'하산해도 좋느니라'
백발성성한 사부의 말씀 그 속뜻만큼은 얼마나
합리적이고 과학적인 안배가 깃들어 있는가

헌데, 만약 내 시의 사부가 있다면?
이놈, 하산은 무슨 얼어 죽을……
연필만 한 삼 년 더 깎아라
껄껄껄

베드룸 윈도우
―영화 사회학

요즘 신문 사회면을 보면
여대생 동생을 둔 나는 아슬아슬하다
일찍일찍 다녀라
남을 자극하는 어떤 행동도 하지 마라
옷을 지나치게 여미는 것도 표적의 대상이 된다
빨간 옷도 입지 마라
남자는 다 늑대야 늑대

베드룸 윈도우에서 본 그 엽색의 살인귀도
집에선 홀어머니에게 늦게 들어온다고 꾸중 듣는
평범한 아들이고, 직장에선 성실한 직원이다
마치 악랄한 고문을 일삼는 자도, 집에선
딸내미 대입 학력고사 걱정하는 자상한 아버지인 것처럼,
밤마다 살인귀는 뱀눈을 치켜뜨고 여자 사냥을 한다
디스코텍에서 유난히 섹시하게 넙떡치를 내둘거리는 금발 여자
 술에 취해 교성을 지르며 떠드는 여자
 후미진 골목, 쪽쪽 키스를 하는 팽팽한 진바지의 여자

호호 흰 돼지 같은 년들, 살인마의 뱀눈에 독이 오른다
마미한테 꾸중 듣겠다, 빨리 죽이고 빨리 가야지

추행 당한 후 목 졸려 죽은
위 여인들의 공통적 사인은?
사자를 모욕하는 말인지 모르지만
죽음은 전적으로 살인귀의 탓만은 아니다
몸 사리며 살아도 어찌될지 모르는 세상에
제발 여인들이여, 어떤 형태로든
남을 자극하는 것도 유죄로다

내 알량한 피해자학 강의를 주섬주섬 늘어놓는데
여동생이 머리에 스프레이를 뿌리며 비아냥거린다
그러는 오빤 왜 맨날 섹시한 여자만 소개시켜달래?
히힛, 내가 서부영화에 나오는
전형적인 악당 오빠?
웬만한 여자만 보면 저건 내 거야 무조건 젖을 만지면서
여동생에게 찝쩍대는 자에겐 으떤 놈이야?

눈을 부라리며, 무조건 총을 갈기는
예라, 이번 기회에 이쁜 여자만 보면
다 따먹고 싶이 하는 악낭적 늑대적 망념을 청산하고
내 동생 걱정하듯
내 동생 걱정하듯
세상 여자들을 바라봐야겠

갑자기 시가 고리타분해진다구요?
저두 여러분을 자극하고 싶지 않다구요

그로잉 업
―영화 사회학

벤지, 바비, 휴이
고등학교에 다니는 말썽꾸러기 삼총사
하라는 공부는 항상 뒷전인 채 로큰롤의 정신 사나운
리듬에 젖어 삐밥바룰라 술 담배 즐기고
기껏 가는 곳은 미성년자 관람불가 영화관이나
또래 여학생 꼬시는 댄스 파티장
예쁜 여학생만 보면 졸졸 쫓아다니다
홧김에 창녀촌 가서 동정 잃고 병 얻는
소위 사춘기의 문제 학생들

나의 그로잉 업을 영화로 찍는다면 어떨까
칙칙한 흑백 화면?
교복 후크 풀어 헤친 채 이빨 사이로 찍찍 침 뱉어가며
검은 운동화 구겨 신고 건들거리던 고교 시절,
빡빡머리 빽빽이 들어찬 교실 잠만 퍼 자다가
교련복 안 가져와 두들겨 맞고 변소 청소 신물나게 하던,
그래 암모니아 냄새에 푹 절여진 나날이었지
하굣길엔 과외 공부 땡땡이치고, 학생주임과

숨바꼭질하며 보던 오수미 주연의 장미와 들개
밤늦게 떡볶이 먹다 떡볶이 집 아줌마한테 유혹당한
나는 떡제비였다?

미어터지는 288번 버스 속, 은광여고 학생들과
한바탕 본의 아닌 헤비페팅을 벌이며 시작하는 아침,
역한 김치 국물 냄새와 흥분의 뒤범벅으로 시작하는 아침,
지도부 검문을 아슬아슬 통과하여 기진맥진 몸을 이끌고
겨우겨우 교문에 헤드 퍼스트 슬라이딩으로 들어서면
아, 웅장하게 울려 퍼지던 영광영광 대한민국
조회시간 수천 명 검은 제복의 아이들
획일의 미덕을 손끝에 싣고 일제히
충성!
어느 장난꾸러기가 하일 히틀러, 했다가
중공군(교련 선생 별명)에게 들켜 운동장 백 바퀴 토끼뜀으로
뛰엇

── 조회시간이면 '충성' 소리 제일 크게 지르던 내 짝 햄버거란 놈은, 대학 들
어가서 제일 돌을 많이 던진단다

벤허
──영화 사회학

추절추절 봄비 내리는 아침, 친구 녀석 하나가
전화를 걸어와 이태원에서 술 한잔했는데 아무래도……
에이즈에 걸린 것 같다며 법석을 떤다
하긴 그것 때문에 이태원 인파가 반으로 줄었다지만
백마 흑마 탄 자들도 가만있는데 기껏 술 한잔 마신 걸 가지고
이 친구야 단단히 노이로제 걸렸구나, 빈정거리다

가만, 그러고 보니 나 자신도
어릴 적 문둥병 노이로제에 무진장 시달렸었지
하루는 옆집 지붕을 뒤져 참새를 잡아먹었는데
그 집에 문둥이가 사는 줄 누가 알았겠어
문둥이 집 참새를 먹은 나도 문둥이가 될 거라며
고모들이 키득키득 겁을 주었어, 순진했던 난 그날로
병에 걸리고 말았지 가렵지도 않은 살을 죽어라
긁어 급기야 온몸이 헐고 말았지
날로날로 깊어지던 내 정신적 문둥병 증세
그때, 내 병을 치유해준 약이 뭔지 알아?

그건 바로 우연히 가설극장에서 본 벤허라는 스펙터클 미국영화야
골고다 사원 위, 기적의 비가 내리고
벤허 엄마와 누이의 문둥병이 씻은 듯 낫는
장엄하고도 가슴 뭉클한 라스트 신
극장 문을 나설 때, 기적인 듯 쏟아지던 소낙비!
난 거센 빗줄기를 온몸으로 맞으며 벤허처럼 울었어
아이고메, 하느님

눈물로도 옮길 수 있대…… 에이즈는 잠복 기간이 길대……
몇 년간 멀쩡해도 어찌 알아 속은 썩어가는지…… 감기만 걸려도 죽는대……
누렇게 노이로제 걸린 친구놈에게
미국영화의 기적을 이야기해줄까
내 불치의 나병도 단 한 번에 낫게 해준
그 빗방울의 카리스마를

방사능 비 쏟아붓는 이 봄날 아침에

빠삐용
──영화 사회학

아침 티브이에 난데없는 표범 한 마리
물난리의 북새통을 틈타 서울대공원을 탈출했단다
수재에 獸災가 겹쳤다고 했지만, 일순 마주친
우리 속 세 마리 표범의 우울한 눈빛이 서늘하게
내 가슴 깊이 박혀버렸다 한순간 바람 같은 자유가
무엇이길래, 잡히고 또 잡혀도
파도의 아가리에 몸을 던진 빠삐용처럼
총알 빗발칠 폐허의 산속을 택했을까
평온한 동물원 우리 속 그냥 남은 세 명의 드가
그러나 난 그들을 욕하지 못한다
빠삐용, 난 여기서 감자나 심으며 살래
드가 같은 마음이 있는 곳은 어디든
동물원 같은 공간이 아닐까
친근감 넘치는 검은 뿔테 안경의 드가를 생각하는데
저녁 티브이 뉴스 화면에
사살당한 표범의 시체가 보였다
거봐, 결국 죽잖아!

티브이 우리 안에 갇혀 있는,
내가 드가?

마지막 황제
—영화 사회학

몇백 년 묵은 바다거북을 산 채로 끓여
그 즙으로 불로영생을 꾀하던
자금성의 개기름 낀 영화는 어디로 가고
추레한 국민복의 늙은 푸이의 손엔
그 옛날 신하가 자신에게 선물했던
풀무치 한 마리만
송장 색깔로 남아 있다

풀무치 쫓던 어린 날
네 소원이 뭐냐 물으면
대통령이오!
참모총장요!

어? 나도 풀무치에 관한 시상만이
하나 덜렁 남았네

그 거대한 황금빛 권좌 뒤엔
풀무치 울음 하나

쓰을쓰을하게 숨겨져 있다는 걸
알고 모르고 차이가 그렇게 큰 걸까

만해와
일해처럼

파리애마
―영화 사회학

파리에서 디자인 공부 하다 잠시 귀국한 선배 여동생이
만나는 사람마다 귀찮게 놀려댄다는
파리에서는 모든 것이 용서된다!
문제의 선전 문구 아래, 말 타는 유혜리 보러 왔다가
암표도 못 사고 그냥 돌아가는 사람들, 요즘
신문을 봐도 알지만, 말 타는 게 취미인 여인 주위엔 뭔지
화제와 구설수가 만발하는 법인가 봐, 하여튼
애마부인 시리즈는 장사 된다구 지금까지 네 명의 애마
큰 젖퉁 위에 전국적으로 백만 명 이상 올라앉았으니까

파리애마는 안소영 오수비 염해리 시절
단조로운 피스톤 운동과는 스케일부터 달라
이젠 백마 콤플렉스 훌훌 던져버리고
코스모폴리탄적으로 그랜드하게 놀자는 말씀,
역시 제주도에서 벌거벗고 말 타는 것보단
파리에서 한복 입고 말 타는 게
국위선양도 될 겸 보기에도 한결 포토제닉하구만
암백마와 사는 남편을 찾기 위해 파리에 온

불감증 환자 유혜리에게 불란서 미남 백마가 묻는다
두 유 컴 프롬?……프롬 코리아
오우 예, 쎄울 울림픽!
이 극도의 절제된 대사 속에 함축된 국제적 영혼의 교감
여기서 만약, 느네 나라 프랑스 대사관 직원들 파업한다며?
지껄였다면, 얼마나 분위기 잡치는 대사일 것인가
장작불 타오르는 페치카 옆,
백마에게 짓눌린 애마부인의 교성 디퍼 디퍼!
깊숙이, 더 깊숙이라 정확히 번역된 한글 자막은
올드 팬에게, 그 옛날 청계천 구루마 장수가 팔았던
빨간책, 마분지 소설의 추억을 한 아름 선사한다
백마 타고 싶은 사람들과 마분지 소설의 독자만 들어도
거뜬히 십만이 넘는, 치밀하게 계산된 영화

하지만 우리나라에 포르노 극장 개방되면
아마 파리애마 같은 에로물은 파리 날릴걸
말초신경 자극은, 깊숙이, 더 깊숙이
유혜리 말마따나 센 쪽이 이기는 것이니까

포르노엔 지배자들이 살포하는
포르말린 냄새가 배어 있다
심야다방 만홧가게마다 절찬리에 상영 중인
깊이 더 깊이, 피스톤 신화
단속반이 뜨면 헉헉대는 화면은 잽싸게
보도본부 24시로 바뀌지
오늘도 반복되고 있을 포르노와 뉴스
그 충돌의 몽타주

가만히 집에 있는 사람들을
기어이 스카라에까지 끌어내
기어이 헛좆 꼴리게 해놓고 보너스로 에펠탑
몽마르트르 언덕까지 구경시켜주는 파리애마
면죄부까지 에어메일로 부쳐준 파리애마, 그러나
미안하지만, 관객들은 파리에서 용서받을 일이 없다
저 인산인해의, 관객들은 결코 잘못이 없다

한국 관객들에겐 아직 고다르 영화가 벅차다는
불란서 문화원 골수 영화학도가
껄렁껄렁 묻는다
뿌ㄲ와? 뿌ㄲ와?

노스탤지아
―― 영화 사회학

한국엔 개봉이 안 됐지만, 비디오론 꽤 많은 사람들이 본 영화
　소련 망명 감독 타르코프스키가 만들어서 더욱 화제인 영화
　포토제니가 무엇이란 걸 유감없이 보여준 영화
　인류 구원을 기구하는 꺼질 듯 꺼질 듯 촛불 나르기가 감흥은 있었지만
　솔직히 지루한, 많은 관객이 조는 영화
　그러나 그 지루함을 양보하지 않고
　수천수만 피트 피 같은 필름을 마구 써대며
　소신껏 작품을 만드는 유럽 현실을 부럽게 한 영화
　(담배 사 와 한마디 대사를 하는데 오 분 걸린다)

　러시아에서 이태리로 망명한 시인 안드레이
　그는 절망적으로 뇌까린다
　시는 번역이 불가능해
　시는 번역이 불가능해……

　어제 티브이로 본, 재미 작가 김은국의 재소 작가 방문기

그들이 낭독하는 자작시들 중에서
왜 향수에 관한 건 하나도 없나 의문스러웠지만,
그 이역만리 톨스토이의 땅에서 외롭게 김삿갓을
연구하고 김소월을 읽고 고작 몇 사람 읽어줄 모국어로

시 쓰는 행위 자체가 절대 향수 아니겠는가
절망 이상의 그 무엇 아니겠는가
우린 김소월밖에 참고할 시인이 없어요
사할린에서 왔다는 사십대 시인의 또박또박한 낭독
나 보기가 역겨워 가실 때에는
죽어도 아니 눈물 흘리오리다……

고은과 황지우, 고정희를 아는, 책방마다
지겹게 그들의 시집을 대하는 우리들은 얼마나
진달래꽃 향기 속에 파묻힌 행복한 이들인가

영화 속 망명 시인 안드레이의 절망 어린 중얼거림이
자꾸 들리는 것 같다, 제기랄 시는 번역이 불가능해

우리말 큰사전을 선물 받으며 고마워 어쩔 줄 모르던
재소 작가들, 또 다른 안드레이들

시 써서 밥 나오냐 돈 나오냐
습관적으로 구시렁거리는 나도
참 호강에 초 친 놈이다

그것도 국가불행 시인행인 나라에서……

로보캅
── 영화 사회학

무기 탈취를 위해 파출소를 습격한 십대 청소년
대낮에 회칼로 순경을 찔러 죽인 대담한 떼강도
신문마다 실추한 경찰의 권위를 염려하고
장례식을 취재한 모 일간지의 모 기자분은 날로 흉포화되는
범죄를 개탄하며 바쁘신 와중에도 영화를 보았는지
최근 사십여 만 관객의 치안을 담당했던 로보캅의 활약상을
소개했다 사망 직후의 경찰을 엄청난 괴력의 로보트로
개조하여 도시의 범죄자들을 초토화시켜버린다는,
람보 스타일의 미국영화

글쎄, 요즘 로보캅 로보캅 신기해하지만
우리나라야말로 로보캅 원조 아니시던가
리모컨 단추만 누르면 하루 종일 표정 없는 얼굴로
최루광선총을 쏘아대던 소박한 로보캅 선조들

거, 기자 양반 그대의 문맥을 못 읽는 건 아니지만
그 영화적 상상력 내가 들어도 섬뜩하구만,
미국영화에 나오는 수십만 마력의 무쇠 로보캅이

우리 사회에도 곧 등장할 필요가 있을 거라구?
돌과 화염병쯤은 어린애 장난 같을 불사신의
사이비오그 경찰, 강철도 종이 구기듯 하는
그 초강력 파워가 민중의 지팡이가 되는 미래 사회?
삐삐삐삐 시인분주웅 조옴 보옵시이다
생각만 해도 우린 든든하다
생각만 해도 우린 든든……

그 옛날, 짓궂은 아이들의 억센 손아귀 속
바둥대던 풍뎅이, 날지 못하도록
온 다리 뜯기고 목이 비틀린 채 붕붕붕
온종일 마룻바닥만 하릴없이 맴돌던

황 노인의 외출
—영화 사회학

다른 건 몰라도, 베를린 깐느 베니스 영화제에
문화영화 부문이 신설된다면
감독상 촬영상 주연배우상 우리가 다 휩쓸어버릴 텐데,
저번 대통령 선거 때도 맛보기로 위력을 보여줬지만
에이젠슈타인 선생도 무덤에서 발딱 일어날
고도의 몽타주 수법이 우리 문화영화의 자랑거리죠
세상 사는 일이 괴로울 땐 문화영화 한 편 권해드립니다
지겨운 눈물과 벗기기 경쟁도 없고 언제나
화사한 행복만 장전돼 있는

이번 주 문화영화는 황 노인의 외출
체르노빌과 우리 원자력 발전소를 비교하는 것은
무식의 소치라는 믿음직한 주제를
산뜻한 영상으로 깔끔하게 처리한 수작
딸내미가 근무하는 원자력 발전소를 방문한
황 노인에게, 봐요 봐요 이상 없죠?
이상 없죠? 방사능 측정기를 들이대는
젊은 안내원의 연기는 특히 신선하다, 흐뭇하다
놓치지 마십시오

연기 얘기가 나왔으니 하는 말인데
문화영화엔 아무나 못 나와요 안성기처럼
뭔가 삐딱하게 생긴 배우는 실격
거 있잖아, 티브이 홈드라마에 나오는
막걸리처럼 텁텁한 중년의 탤런트,
어떤 고난도 그 만사형통의 얼굴에 걸리면
껄껄 구수한 웃음소리와 함께 눈 녹듯 해결되지
우리 젊었을 땐 칡뿌리 먹었어! (일동 숙연)
나라 사랑하는 마음에 곧잘 잔칫집 분위기 파투 놓으면서
라스트 신엔 젊은이들과 함께 함박웃음을 지으며
저 푸른 초원 위를 슬로모션으로 달려가는
성숙한 문화시민, 그리고 벅찬 가슴을 억누르며
보라 찬란한 동해의 태양을 가리킨다
관객들이여, 도대체 이 장엄한 현실에
뭐이 그리 불평불만인가

세상 참 재주도 많다지만 전문적으로

행복만을 만들어내는 문화영화 감독들이야말로
엄청난 재주꾼들일세 그려
헌데 그 끈끈한 연출력의 비결은?

비결은 무슨 비결, 대부분의 한국영화 감독들
문화영화 안 찍으면 굶어죽어요
어느 영화가 참새의 얘기

은장도
—영화 사회학

최은희 신상옥의 사극 영화에 단골로 번득이는
사대부 아낙들의 은장도
가문에 누가 되는 일을 하거든
이것으로 자진을 해야 하느니라
시어머니 황정순이 갓 시집온 며느리 최은희에게
서슬 퍼런 눈초리로 전해주는 작디작은 칼
나리, 이러시면 아니되옵니다
어허, 천한 종년이 감히 앙탈은……
서방님과 예쁜 계집종의 하얀 살덩이가
밤낮으로 어우러지고
아가, 아녀자가 참아야 하느니라
은장도로 허벅지를 콕콕 찌르는 독수공방의 날들
촛불은 다 타서 촛농만 쌓이고
허벅지의 상처는 화농으로 부풀어 오르는 긴긴 밤
글쎄, 새아씨가 춘돌이란 놈과 눈이 맞았대
시어머니 황정순의 항아리 깨지는 소리
네 이년 이실직고하렷다, 이 무슨 가문의 수치인고
억울하옵니다 어머님

시끄럽다, 당장 목숨을 끊어야 마땅하거늘
최은희의 그렁그렁한 눈동자
서방님 소첩 먼저 갑니다, 에잇
문풍지에 튀는 피

오후의 명동거리 한복판
수많은 액세서리와 함께 좌판 위에
앙증맞게 놓여 있는 은장도
고래고래 잡상인 아줌마가
황신혜 같은 아가씨들에게 은장도를 권한다

은장도 단돈 1000원!

욜
―영화 사회학

백마를 탄 게릴라가 푸른 초원을 내달린다
군사 독재에 항거하는 쿠르드족
그 심원한 저항의 노랫소리

감옥에서 이런 영화를 만들 수 있었다니!

뒤질세라, 요즘 방화계에서도 자신을
한국의 일마즈 귀니로 치켜세우는 자가 있어 화제
음란영화 포스터 덕분에
감옥에 들어간 어느 제작자가
옥중에서 작품을 구상했다나

목구멍이 포도청인지
목구멍이 터키탕인지
빵 때문에
빵에 갇힌 한국의 일마즈 귀니들

그들이 들려주는 터키의 저항 노래

위스키 달라 소주 달라 아무거나 달라……
끅

동시 상영
―영화 사회학

해 질 녘 한 아이가 골목 담장에
극장 포스터를 붙인다
영웅본색 2
정복자 펠레
히야 볼만하구나 하다가, 문득
한 방위 졸병 녀석을 떠올린다
낮엔 구두를 닦고
밤엔 극장 포스터 붙이러 다녔다는
동시 상영 인생
그렇게 해야
남들 밥 먹을 때 죽이라도 먹어요
녀석의 소탈한 웃음 속엔
화면 속에 내리는 빗줄기의 어지러움과
언제 끊길지 모르는 필름의 조마조마함이
낡은 영사기 삐걱임처럼 배어 있었다

제4부 죽도 할머니의 오징어

그대로 두겠습니다

한적한 개미굴을 파보면
우글우글 개미들이 살아가고 있습니다

키 큰 소나무 위
솔바람에 잠자는 새 둥지를
기어이 긴 간두깨로 찌르면
때까치 새끼들이
푸르르 쏟아집니다

산속 고요한 벌집을 쑤시면
벌떼들이 샤워꼭지 물방울처럼 한꺼번에
쏴아아 튀쳐나옵니다

모든 삶은,
실은
그렇게 분주하고 그렇게 열심입니다

이제,
그대를 그대로 두겠습니다

바람개비

고양이 왈츠 폴짝이는 골목 안
어둠의 물살이
조카의 바람개비 팔랑팔랑
물레방아 돌리며 사방으로 튀어 오른다

저 잿빛 블록 담장 너머
장난감 훈장처럼 빛나는 별들의 하늘 너머
바람개비 끝없이 물고 달려갈
투명한 모래밭이 있을까 삼춘
파아란 색종이 프로펠러 따라
날아가리라 날아가리라
라라라 미운 일곱 살
고양이처럼 날렵한 꿈이
골목의 활주로를 박차 오른다

바람개비 돌아갈 때마다
낡은 녹음기 돌아가듯, 소근소근
재생되는 그 옛날의 쉰 풍금 소리

잔잔한 솔바람 소리
아아 바람개비 물고 하얗게 하얗게
발돋움하던 토끼풀 꽃밭
토끼풀 꽃밭

뚝,
바람개비 소리 끊기고
조카의 강그러지는 울음소리

찌르르 아프다
바람개비 물고 넘어져 생긴
어린 날 목구멍의 상처

망굴재 주막에서

고향의 탱자나무 긴 숲길을 따라
정글게 정글게 망굴재 주막에 가보았다
새뱅이젓에 탁주 한 사발 들이켜고
대나무 평상에 누워 바라보는
막걸리빛 보름달
오늘처럼 탱자 향기 자욱한 밤이면
소꼴 베던 선동대부 두엄 내던 두암양반
나무하던 아재들, 지나가던 엿장수 소금장수
쑥국새 울대 같은 목청들 한데 어울려
망굴재 도깨비들도 패랭이 쓰고 들으러 온다는,
육자배기 가락에 밤새 신명이 났지
그래 재 넘어가버린 그들의 목소리
하릴없이 그리워지는 이 밤은
오래 남은 탱자 바람만 귓가에서 홀로 취하는구나
여어, 몇 뼘 위에 닿는 밤하늘은
하루 내 전투기들의 폭정으로 쑥대밭이 되어도
저 많은 별 하나 빼앗기지 않는데
쓰르라미 목청 하나 버리지 않는데

망굴재 주막 어지러운 거미줄엔
도깨비들이 두고 가버린 불빛만 하나
희미한 숨결처럼 걸려 있구나

지금, 쑥국새는

오랜만에 찾은 고향집 툇마루에 앉아
옥수수를 먹는 한여름 오후
근처 바닷가 사격장 한나절 기총 사격을 위해
쉴 새 없이 지붕을 뒤흔들고 지나가는 쌕쌕이들의
굉음 속에서, 언뜻 실낱같은 소리가 새어 나왔다
팽나무 사이로 보이는 왕재산에서
포성 흩어지는 듯한 하늘가로 지열처럼
희미하게 피어오르는 쑥국새 울음소리
어릴 적 마루에 누우면 마파람 타고 쑥국
내 단잠을 깨우던 그 구성진 울음소리가 이젠 귓가에
끊길 듯 끊길 듯 왜 그리 슬픈 메아리로 젖어드는지
지금, 쑥국새는
쌕쌕이들의 고막을 찢는 쇳소리 속에서
지워지지 않으려고
안간힘으로 울고 있는 것 같았다
고향을 떠나온 뒤로 줄곧 내 시의 낭만적 소재가 되곤 했던
그 쑥국새가, 끝없이 산천을 뒤흔들고 지나가는
쌕쌕이들의 간담 서늘한 포효 속에서

살아남으려고
진땀 흘리며 울고 있는 것 같았다

동전 한 닢

주머니 속 동전이 흐느적
흐느적
만져지지 않는다
1구역 170원
주입구에 집어넣은 동전이 도로
나온다 되풀이되는 실랑이
쨍그랑
동전이 떨어져 구른다
나도 그 행렬 속에서 동전처럼
굴러 나온다
감흥 없는 구리 냄새의 나날
자동판매기의 검문에 통과되는
알맞은 규격의 삶들
쨍그렁, 전화통도
내 동전을 토해놓는다
자세히 보니
귀퉁이가 조금 찌그러진 동전 한 닢
울컥,
내 자신이 토해진 느낌이 든다

들깨밭에서 똥을 누며

등굣길 십여 리
가도 가도 끝없는 들깨밭에 파묻혀
똥을 누곤 했지
들깻잎에 밑 닦고
산들바람에 일어서면
멀리 책보를 멘 순님이의 웃음소리
살아 있는 기쁨
얼레꼴레, 들깻잎 냄새

바다에서

까치놀 숨죽이며 깃을 접는 바다
잠든 굴조개들의 마을 향해
굶주린 철갑의 가슴으로 흰불가사리 군단이
몰려가고 있다 저 웅성거리는 냉혈의 파도 너머
밤마다 일어나는 비밀한 참사
왜 말뚱섬게는 멀리서만 눈을 말뚱거리고
참새우들마저 아니다 아니다
몸통을 움츠리는가
포식한 불가사리 떼의 웃음소리가
不可
不可
하얀 포말로 퍼져가는 칠흑의 어둠 속
돌섬처럼 굳어가는 나에게
은빛 모래알들이
가라
가라
반짝반짝 소리를 친다

죽도 할머니의 오징어

오징어는 낙지와 다르게
뼈가 있는 연체동물인 것을
죽도에 가서 알았다
온갖 비린 것들이 살아 펄떡이는
어스름의 해변가
한결한결 오징어회를 치는 할머니
저토록 빠르게, 자로 잰 듯 썰 수 있을까
옛날 떡장수 어머니와
천하 명필의 부끄러움
그렇듯 어둠 속 저 할머니의 손놀림이
어찌 한갓 기술일 수 있겠는가
안락한 의자 환한 조명 아래
나의 시는 어떤가?
오징어회를 먹으며
오랜만에 내가, 내게 던지는
뼈 있는 물음 한마디

원조를 찾아서

춘천에 가면 원조 막국수 안 먹을 수 있나요
춘천역에서 택시 타고 사창고개 갑시다 하면
일금 칠백 원에 총알같이 모셔다 드리죠
그곳에 내리시면 막국숫집이 딱 둘 있는데
혹, 순간의 실수로 삼 층 현대식 건물로 들어가시면
춘천까지 온 당신의 수고는 진짜 막국수가 되지요
미안하지만 거긴 원조가 아니에요
원조라고 쓰여 있다고 다 원존가요 뭐
바로 그 옆집 허름한 한옥이
춘천의 명물 원조 막국숫집이지요
원조가 뭐 그리 꾀죄죄하냐구요?
글쎄 저도 춘천 태생 시인과 같이 안 갔더라면
사정 모르는 자가용 식도락가들처럼
그 가짜 원조집에서 원조거니 신나게 후루룩댔겠지요
수십 년 가락의 장사꾼답지 않게
어제 개업한 사람처럼 어수룩한 원조집 아줌마,
그러나 국수 면발만큼은, 대밭 속의 여시처럼
교활하게 능란하게 식도를 파고들지요
아, 보드라운 백 프로 메밀의 맛! 그날은 밤늦도록

춘천 태생 시인과 원조 타령을 벌였지요
족발의 원조 장충동 뚱뚱이 할머니집 아시죠
족발 먹고 주인들이 다 뚱뚱해졌는지
이젠 너도 나도 뚱뚱이 할머니집
김밥집 하면 어중이떠중이 다 충무할매김밥
국밥집 하면 무조건 욕쟁이 할머니집, 그러나
정작 원조 욕쟁이 할머넌 이젠 입을 다물고 있다잖아요
그래요 진짜 원조는 침묵하고 있을 뿐이지요
번지르르한 유사 상품의 그늘 아래 꾀죄죄하게 숨어서
국수 면발만 쫑쫑하게 빚고 있지요
너도 나도 이 새끼 저 새끼 욕하고 있는 와중에서
진짜 욕쟁이 할머니 찾기 어렵듯,
안목 없이 후미진 골목골목 진짜 원조 찾기란 어렵지요
이번 기회에 우리 한번 원조 식별하는 공부 해보지 않겠습니까
대충 유사품 먹고 살지, 뭐 그런 수고를 하냐구요?
순간의 선택이
평생의 미각을 좌우하기 때문이죠

자동문 앞에서

이제 어디를 가나 알리바바의 참깨
주문 없이도 저절로 열리는
자동문 세상이다
언제나 문 앞에 서기만 하면
어디선가 전자감응장치의 음흉한 혀끝이
날름날름 우리의 몸을 핥는다 순간
스르르 문이 열리고 스르르 우리들은 들어간다
스르르 열리고 스르르 들어가고
스르르 열리고 스르르 나오고
그때마다 우리의 손은 조금씩 퇴화되어간다
하늘을 멀뚱멀뚱 쳐다만 봐야 하는
날개 없는 키위새
머지않아 우리들은 두 손을 잃고 말 것이다
정작, 두 손으로 힘겹게 열어야 하는
그,
어떤,
문 앞에서는,
키위키위 울고만 있을 것이다

요순시절

담장이란 담장은
벽이란 벽은 온통
정치해보겠다는 잘난 얼골들로
도배되어 있다
될 사람을 밀어달라!

일전에 함석헌 옹이 말씀하시길
부득이하게 나서는 게 정치여
요순시절이 따로 있나
그런 때가 요순시절이지

부득이하게 나서는 것과
부득부득 나서겠다는 것은
얼핏 비슷해 보이는데
결과는 영 딴판이다

요순시절과
요망시절

바늘귀

―모든 악한 일을 삼가고
모든 착한 일을 받들어 행하며
스스로 고요함에 머물러 있으면,
그것이 바로 불법이니라

예수나 불타나 공자의 말씀도
곰곰이 생각해보면,
기상천외한 술법이 아니라
나쁜 짓 하지 말고 착하게 살자는 말씀인데
귀가 확 트일 신묘한 그 무엇을 갈망하는 자들에겐
뻔하디뻔한 말씀일 뿐인데
지금도 형형하게 살아서 세상을 구원하는 것은
다 듣는 귀를 가진 사람들 힘이구나
세 살짜리도 아는 얘기지만
여든 살 노인도 행하지 못하는 진리를
버리지 않고, 명심해 실천해온
듣는 귀를 가진 사람들 힘이구나
그렇지, 진정 듣는 귀란
깨달음을 행함 속에 있는 것

하루에도 몇 번씩 짠물에 빠져
허우적거리는 것 아닌가

세상아, 놀자

공원 부지 왜 놀고 있나?
잡지사 기사 작성 시험에 떨어져
놀기 시작한 나날들
놀이터에서 깡소주를 마시며
노는 만큼 성숙해지는 진실을 알게 되었어요
유행가를 꺾어대니까,
놀고 있네 하고
고등학교 때 같이 놀았던 친구 놈이 빈정거린다
짜식, 지도 놀고 있는 주제에
녀석은 주머니의 혓바닥을 꺼내며 묻는다
노는 토큰 있냐?
히히 노는 친구밖에 가진 게 없다

종로 3가를 친구놈과 지나가는데
웬 아줌마들이 열병식하듯 죽 늘어서서
돈 없어 노는 놈들한테
돈 좀 놀으라는 종이를 준다

갑자기 시상이 떠오르길래
그 종이 뒷면 놀고 있는 부분에
시를 적었다

김현 선생이 놀이에 치우쳤다는
내 시를 고민하며

물뱀 놓치듯

개울물에 담근 내 고사리 손등으로
스르르 넘어가던 물뱀의 서늘한 감촉
내 살갖 위로 미끄덩 지나가버린 날들
나는, 물뱀 놓치듯
살아왔구나

파고다 극장을 지나며
―80년대의 끄트머리에서

끈질기게 그 자리를 지키는구나, 파고다 극장
한땐 영화의 시절을 누린 적도 있었지
내 사춘기 동시상영의 나날들
송성문 씨 수업 도중 햇살을 등에 업고 빠져나온,
선샤인 온 마이 숄더, 그날의 영화들은
아무리 따라지라도 왜 그리 슬프기만 하던지
동시상영의 세상 읽기가
나를 얼마나 조로하게 했던지
쇼도 보고 영화도 보고, 막 내리면
시궁쥐 한 마리 잽싸게 무대 위로 지나갔다
일어나면 매춘부처럼 내 엉덩이를 붙잡고 늘어지던
시궁쥐 색깔의 껌 한 조각, 쇼의 광란과 映畵,
榮華 뒤엔 늘 불쾌한 접착력의 껌 한 쪼가리
기다린다는 걸, 그때 비 내리는 화면 보듯
희미하게 봐버렸다, 쇼의 80년대―
스팅 같은 트릭 영화로 다가오는 90년대―
온갖 껌 씹는 소리들의 난무,
그 숨 막히는 터널을 뚫고 오다

어느 뛰어난 시인은 아까운 나이에 영영 몸을 떠났고
난 아직도 그 거미줄 같은 껌 줄기에
붙잡혀 있다 어차피 이것이 생의 몫이라면
완강히 버텨보리라, 난 천재가 아니므로
난 세상의 온갖 따라지性을 사랑하는 삼류이므로,
저 파고다 극장처럼 살아남아, 시커먼
껌의 포충망과 씨름하며 끝끝내 필름을 돌려보리라
설령, 그것이 껌 씹는 소리의 삶으로 그친다 해도

별

내 백골 진토된 뒤에도
저 깜깜한 밤하늘 활활 태우기 위해
우르릉 우르릉 우렛소리로 달려오는
그 몇십만 광년의 기다림

|해설|

풍자이고 해탈인,

함 성 호
(시인)

김지하는 김수영의 시 「누이야 장하고나!」의 한 구절인 "풍자가 아니면 해탈이다"라는 문장을 창조적으로 오독하여 「풍자냐 자살이냐」라는 산문을 남겼다.

> 누이야
> 諷刺가 아니면 解脫이다
> 너는 이 말의 뜻을 아느냐
> 너의 방에 걸어놓은 오빠의 寫眞
> 나에게는 「동생의 寫眞」을 보고도
> 나는 몇번이고 그의 鎭魂歌를 피해왔다
> 그전에 돌아간 아버지의 鎭魂歌가 우스꽝스러웠던 것을 생각하고
> 그래서 나는 그 사진을 十년만에 곰곰이 正視하면서

이내 거북해서 너의 방을 뛰쳐나오고 말았다

十년이란 한 사람이 준 傷處를 다스리기에는 너무나 짧은 歲月이다

누이야
諷刺가 아니면 解脫이다
네가 그렇고
내가 그렇고
네가 아니면 내가 그렇다
우스운 것이 사람의 죽음이다
우스워하지 않고서 생각할 수 없는 것이 사람의 죽음이다
八月의 하늘은 높다
높다는 것도 이렇게 웃음을 자아낸다

누이야
나는 분명히 그의 앞에 절을 했노라
그의 앞에 엎드렸노라
모르는 것 앞에는 엎드리는 것이
모르는 것 앞에는 무조건하고 숭배하는 것이
나의 習慣이니까
동생뿐이 아니라
그의 죽음뿐이 아니라
혹은 그의 失踪뿐이 아니라

그를 생각하는

그를 생각할 수 있는

너까지도 다 함께 숭배하고 마는 것이

숭배할 줄 아는 것이

나의 忍耐이니까

「누이야 장하고나!」

나는 쾌활한 마음으로 말할 수 있다

이 광대한 여름날의 착잡한 숲속에

홀로 서서

나는 突風처럼 너에게 말할 수 있다

모든 산봉우리를 걸쳐온 突風처럼

당돌하고 시원하게

都會에서 달아나온 나는 말할 수 있다

「누이야 장하고나!」

—「누이야 장하고나!」 전문

  죽은 아버지와, 어쩌면 영정일 수도 있는 동생의 사진 앞에서, 그리고 그 사진 앞에서 그들을 추모하는 누이까지도 싸잡아 비웃는 이 과감한 자기 부정을 김지하는 풍자의 정신으로 해석했다. 그리고 '해탈'을 '자살'로 오독한다. 이 오독의 과정을 되짚어보면 아주 뜬금없는 비약은 아니다. 왜냐하면 '해탈'이란 어찌 보면 긍정적인 '자살'이 아닌가? 해탈이 스스로 육신을 잃고, 육도윤회(六道輪廻)의 고리를 끊어버리는 것이라면, 그것은 분명 자살이다. 해탈은 깨달음이 먼저 된 자살인 것이다. 그리고 풍자는 어찌할 수 없는 현실에 대한 깨달음이다. 김지하는 이것을 '시적 폭력'의 한 형태로 이해한다.

> 김수영 시인의 이른바 '풍자가 아니면 자살'이라는 딜레마는 일단 서로 충돌하고 배반하는 극단적인 이율배반 사이의 하나의 결단으로 나타나지만 동시에 그것은 서로 연관되는 것이며 자살로밖에는 이를 수 없는 격한 비애가 격한 시적 폭력의 형태, 즉 풍자로 전화하는 관계를 함축하고 있다.[1]

유하의 첫 시집 『무림일기』 역시 "격한 비애가 격한 시적 폭력의 형태", 즉 풍자로 점철되어 있을까? 풍자는 곧은 말이 받아들여지지 않는 폭력적 상황에서 뒤틀어지는 말의 형태다. 이 폭력적 상황을 곧은 말로 열어나가려 할 때 화자가 당하는 현실은 자살이 아니라 타살이다. 입이 틀어막히고, 때로는 육신의 죽음까지도 각오해야 한다. 평화로운 시대라면 풍자와 자살이 '극단적인 이율배반'의 관계를 만들지도 않을 것이지만, 김지하가 「풍자냐 자살이냐」를 발표할 당시의 정치적 상황은 극단으로 치달아가고 있는 중이었다. 이 절박한 심정에서 자연스럽게 풍자와 자살은 시인에게 '극단적인 이율배반'으로 이어졌고, 김지

---

1) 김지하, 「풍자냐 자살이냐」, 『시인』(1970년 6~7월호).

하는 『오적』으로 인한 필화를 입고 감옥으로 갔다. 실제로 유하는 사석에서 필자에게 『무림일기』 시편을 쓰면서 감옥에 갈 각오를 했다고 고백한 적이 있다. 『무림일기』가 처음 출간되었던 시기가 1989년이고, 유하는 이 시집에 실린 '무림일기' 연작으로 1987년 등단했다. 아마도 이 시편들이 본격적으로 쓰여진 것은 오공 말기에서 육공 때였을 것이다. 당시만 해도 아직 군부독재의 칼날이 여전했을 때니 그럴 만도 했다. 이러한 절실한 시대적 상황에서는 전혀 다른 의미들이 같은 맥락으로 이해되곤 했다. 풍자와 자살이 '극단적 이율배반'으로 이어진 것도 그런 예고, 유치환의 "참된 시는 마침내 시가 아니어도 좋다"라는 말이 김남주의 '시여, 무기여'와 같은 의미로 쓰이기도 했다. '풍자냐 자살이냐'가 아니라 시인들은 풍자를 위해 과감히 자살을 선택했다. 풍자와 자살은 이율배반이 아니라 당연한 인과였다. 김지하는 이런 폭력의 시대에 시인의 비애는 예술적 폭력으로 바뀐다고 같은 글에서 밝히고, 응결된 비애가 예술적 폭력으로 폭발하는 과정에서 시인은 마땅히 저항의 형식을 결정해야 한다고 주장한다.

　이 방법의 결정에 있어서 때로 어떤 시인은 비극적 표현에 의한 폭력의 발현으로 나아간다. 이러한 지향의 극단에서 암흑시가 나타난다. 때로 어떤 시인은 희극적 표현에 의한 폭력의 발현으로 나아간다. 이러한 지향의 정점에서 풍자시가 나타난다.[2)]

『무림일기』의 풍자 정신은 분명 이러한 맥락에 자리한다. 그러나 '무림일기' 연작을 비롯한 유하의 다른 시들은 '폭력의 발현'과는 거리가 멀다. 그의 시들에는 '자살로밖에는 이를 수 없는 격한 비애'가 없다. 왜냐하면 그는 철저한 현세주의자이기 때문이다. 그리고 유하가 자신의 첫 시집을 장식하는 시편들을 쓰고 있던 오공과 육공을 거치면서 한국 사회는 이미 폭력으로 유지되던 사회에서, 소비하므로 존재하는 사회로 서서히 움직여나갔다.

유하는 그 많지 않은 현실주의자에 속한다. 그는 그가 소비하는 것들의 문화적 의미를 밝히려고 애쓴다. 그가 즐겨 소비하는 것은 만화(―영화), 프로레슬링, 무협소설(/영화), 초능력자에 대한 이야기, 영화, 삼류 포르노 영화(/소설) 등, 다시 말해 예술 비평에서 키치Kitsch적인 것이라는 말로 흔히 통용되는 범주의 것들이며, 그것들을 소비하는 자신의 문화적 의미를 반성하는 것이 그의 시가 연 새 지평이다.[3]

김지하의 풍자와 유하의 풍자는 여기에서 갈라진다. 풍자라는 형식이 철저하게 현세적인 인식에서 비롯된다는 점에서는 같지만, 풍자는 분명 풍자의 대상과 일정한 거리를 두고 행해진다. 그 거리가 없어질 때 풍자는 풍자가 아니라 자학이 된다.

---

2) 앞의 글.
3) 김현, 「키치 비판의 의미―유하가 연 새 지평」, 『武林일기』, 세계사, 1995.

아니면 패배주의로 흐를 수가 있다. 그러나 유하는 자학하지 않고, 패배주의에 빠지지도 않으면서 세태를 풍자하는 데 성공한다. 그런 의미에서 유하의 시가 연 새 지평은 "그것들을 소비하는 자신의 문화적 의미를 반성하는" 데에 있는 게 아니라 그러한 개인의 출현에 있다. 키치 중독자로서 자신이 소비하는 문화에 대한 의미를 밝히고 반성하는 것이 아니라, 키치 중독자로서의 시인이 등장한 것이다. 유하는 키치에 대해 반성하지 않는다. 에로 영화, 대본소 무협지, 소년 잡지류의 음모론 등을 섭렵하며 유하는 그것들에 대한 반성보다는 그것들의 형식을 적극적으로 시의 형식으로 차용한다. 〈무림일기〉 연작은 무협지에 대한 반성이 아니라 무협지의 줄거리다. 〈영화 사회학〉 연작은 영화에 대한 반성이 아니라 그대로 영화의 줄거리다. 그 줄거리 사이사이에 유하는 현실을 끼워 넣는다. 그렇게 끼워 넣은 현실은 한 편의 새로운 무협지, 새로운 영화가 된다. 그 새로운 줄거리에 빠져들면서 우리는 유하의 시에서 쓴웃음과 비애를 맛본다. 왜 쓴웃음이냐면 시인이 그렇듯이 우리도 키치문화의 소비자이기 때문이다.

김지하도 서두에 인용했듯이, 격한 비애는 풍자로 나아가는 길이다. 비(悲)는 타인과 교감하는 슬픔이다. 애(哀)는 심미적 슬픔이다. 따라서 비애는 개인적 차원이 대타적으로 확장하는 슬픔을 말한다. 김지하는 풍자의 여러 구조적 결합의 방법 중에서도 비극적인 것과 희극적인 것이 결합하는 다양한 예를 들면서 그중에서도 주된 것으로 두 가지를 꼽는다. 우연한 비애와 풍자가 결합하는 경우와 공포와 괴기가 결합하는 경우다.

주영역은 우연한 비애와 풍자 또는 공포와 괴기의 결합이다. 이러한 결합의 구조는, 두 가지로 이해되어야 한다. 비애와 풍자의 결합에 있어서 그 결합이 하나의 정서 형태로서의 비애 또는 한(恨)이 하나의 표현으로서의 대타적(對他的) 공격, 즉 풍자를 유발하고 풍자로 나타나고 풍자 속에서 표출되는 관계라는 것이 그 하나요, 비애의 일반적인 시적 표현 형식, 즉 이른바 비극적 표현이 비애의 축적물인 한의 독특한 표현 형식, 즉 풍자 속으로 부분적 특수적인 형식 요소로서 흡수되는 관계라는 점이 그 둘이다.[4]

난삽함을 정리하면, 비애와 한은, 대타적 공격으로서의 풍자를 유발하는 동인이면서, 동시에 풍자의 시적 형식을 이룬다는 것이다. 비애는 김지하에게 한이며, 그것이 고양된 희극적 표현인 해학과 만날 때 새로운 폭력 표현의 형식인 풍자가 완성된다. 또한 비애는 대타적 공격을 유발하는 풍자의 주요 핵심이며, 폭력을 시의 형식으로 승화시키는 힘이기도 하다. 김지하에게 풍자는 폭력이면서 폭력성을 시적으로 승화시키는 시를 위한 무기인 동시에, 대타자를 겨냥한 시의 무기이다. 『오적』이 어떤 시적 각오로 쓰였는지 절실하게 다가오는 대목이 아닐 수 없다. 물론 여기에서 폭력은 저항이다. 그리고 이것이 풍자의 정신이

---

4) 김지하, 앞의 글.

다. 그래서 풍자는,

    그러면서도 이 민중 위에 군림한 어떤 집단의 용서할 수 없는 악덕에 대해서는 일언반구도 내비치지 않는 그러한 풍자가 있다면, 그것은 민중관이 올바르지 못할 뿐만 아니라 사회를 보는 눈이 그릇되어 있는 것이며, 그것은 이미 풍자가 아닌 것이다. 올바른 풍자는 폭력 발현의 방법과 방향이 모순 없이 통일된 것이라야 한다.[5]

그러니까 김지하의 풍자는 마땅히 적에 대한 풍자이고, 그 풍자의 전형으로는 민요나, 전통 연희가 있다. 그렇다면 김지하가 본 김수영의 풍자는 어떠한가?

    김수영 시인의 폭력 표현의 특징은 풍자의 방법 속에 자기 자신과 더불어 자기가 속한 계층에 대한 부정·자학·매도의 방향을 보여준 점에 있다. 바로 이 점에 김수영 문학의 가치와 한계가 있고, 바로 이 점에서 젊은 시인들이 김수영 문학으로부터 무엇을 어떻게 이어받고 무엇을 어떻게 넘어설 것인가 하는 문제점이 선명하게 나타난다. 〔……〕 사실상의 평화의 상실에 대한 비판도, 잃어져가는 자유와 무너져가는 민주주의에 대한 경고도, 이 거대한 도시 서울을 뒤덮어 흔들어대고 있는 소비문화에 대한 신랄한

---

5) 앞의 글.

공격도 모두 그것을 조작하는 자가 아니라, 그 조작에 혼신의 힘으로 부역하고 있는 민중의 일부, 즉 소시민에 대한 구역과 매질의 방향에서 전개하였다.[6]

 김수영이 소시민 계층의 속물성과 비겁성을 신랄하게 공격한 것은 진정한 시민사회의 탄생을 바랐기 때문이다. 거기에 시인 자신도 포함되므로 그의 풍자에는 자조와 자학이 빠질 수 없다. 그러나 김지하는 소시민을 민중의 부분집합으로 보고, 거대한 역사의 주류로서의 민중과, 민중의 삶을 억압하고 민중의 문화를 왜곡하는 집단에 대해 풍자의 칼날을 들이댄다. 기묘한 모더니스트로서의 김수영에게는 부정의 시학이, 김지하에게는 민요와 판소리와 탈춤이 있었다. 김수영의 비애는 소시민 계층의 비애였고, 김지하의 비애는 민중의 비애였다. 그렇다면 유하의 비애는 어디에 있을까?
 유하의 풍자에는 김수영 같은 자학이 없다. 그리고 김지하 같은 대타적 공격성이 없다. 그렇다고 김현의 말처럼 그가 키치를 반성하는가 하면 그것도 아니다. 김지하는 판소리의 형식으로 폭력성을 시학으로 승화시키지만 유하에게 키치는 하나의 도구에 지나지 않는다. 눈이 많이 오는 지역에 사는 사람들이 여러 가지 단어로 눈을 표현하듯이 유하에게 키치는 그의 주변에 일상적으로 널린 삶이다. (다시 강조하지만)그런 인간이 등장한

---

6) 앞의 글.

것이다. 김수영의 '풍자가 아니면 해탈이다'가 일가붙이의 영정에서도 그 정서에 동화될 수 없는 한 모더니스트의 비애를 함축하고, 김지하의 '풍자냐 자살이냐'가 극악한 정치적 압제에 저항하는 한 시인의 양자택일적인 의지를 함축한다면, 유하의 키치는 삶이고, 그 삶을 반성할 수 없는 중독자의 시다. 삶을 반성한다는 것은 다른 삶을 추구하는 것이다. 김수영이 원했던 시민사회나 김지하가 원하는 민중의 해방도, 지금과는 다른 삶을 추구하는 것이기는 마찬가지다. 그 다른 삶에 대한 의지가 지금의 삶을 반성하게 한다. 그러나 유하의 현세주의가 앞의 두 시인과 다른 점은, 유하에게는 그런 다른 삶에 대한 의지가 없다는 것이다. 김수영이나 김지하나 지금의 삶을 인정하지 않는다. 그러나 그들은 여전히 여기인 다른 삶을 원한다는 점에서 현실주의자다. 그러나 유하는 지금 여기의 삶이 전부다. 그에게 여기인 다른 삶이란 없다. 그는 키치 중독자 이전에 삶 중독자다. 그리고 보다 중요한 것은 그에게 다른 삶은, 다른 삶에 대한 의지는, 결코 여기에 있지 않다는 것이다. 그렇다고 초월적 의지에 가 있느냐면, 그렇다고 보기에는 상당히 피상적이다. 그러나 유하의 시에서 가끔 불가의 구조가 시적 형태로 차용되고, 노자의 세계관이 깊이 보이는 것은 주목할 만하다. 그러나 그런 것마저도 유하의 시에서는 시적 차용에 지나지 않는다. 그렇다고 지금의 현실을 긍정하지도 않는다. 유하는 현실주의자가 아니라 현세주의자다. 현실주의자는 삶을 실재로 바라보고, 현세주의자는 실제로 받아들인다. 유하의 풍자는 이 현세주의에서 나온다.

> 갈수록 노쇠하기보다는
> 노회해지는
> 적은
>
> 타는 목마름의
> 신새벽
> 꼭두새벽마저도
>
> 감동적인 꼭두 놀음으로 만들어버립니다
> ──「역시, 적은 아름다운 꽃밭 속에 있습니다」 전문

 김수영이라면 "왜 나는 조그만 일에만 분개하는가"(「어느날 고궁을 나오면서」)라고 반성하고, 김지하라면 대타적 폭력을 가했을 적 앞에서, 유하는 그러할 뿐이라고 있는 그대로를 서술하고 그친다. 그러나 모든 풍자는 분노한다. 유하가 꼭두새벽과 꼭두 놀음을 대비시킬 때 그는 분명히 꼭두 놀음에 대해 분노하고 있는 것이다. 이 비애가 지식인의 신경증(김수영의 경우), 지식인의 대타적 공격성(김지하의 경우)으로 나타나지 않고 안으로 갈무리될 때 유하의 냉소가 자리하게 된다. 김지하가 부정적인 것으로 파악했던 냉소, 김수영의 짜증과 자학의 한편에 자리한 냉소는, 유하의 풍자를 이루는 전반적인 태도다. 그리고

이 냉소가 자기 자신에게도 향하고 있다는 점에서 유하는 김수영과 가까워진다.

그리고 이 냉소는 1960년대생들의 특징이다. 청소년기에 이농을 겪으며 도시적 삶에 내몰리고, 청년기로 진입하면서는 태어날 때부터 대통령이었던 '부정한 아버지'의 죽음을 목도하고, 바뀌는가 했더니 다시 그 부정한 후배들의 전횡이 이어지는 세상. 전화, 냉장고, 티브이, 컴퓨터, 그리고 소비문화로의 진입까지 마치 그들이 어렸을 때 막연하게 상상했던 소년 잡지류 같은 미래가, 그리고 무협지 같은 정치가 펼쳐지는 것을 목도한 세대들이다. 그들에게 세상은 실재하는 것이 아니었다. 실재하는 것이 아니었으므로 풍자와 자살은 그들이 선택할 수 없는 먼 관계였다. 그들에게는 오히려 풍자와 해탈이 선택할 수 있는 실질적인 항목이었다. 김수영에게 해탈은 풍자가 아니면 견딜 수 없었기에 구색을 맞춘 품목이었고, 김지하의 자살은 풍자의 마지막 방법이었다. 마지막 방법이었기에 그것은 선택되지 않을수록 좋았다. 그래서 김지하는 해탈을 자살로 받아들였는지 모른다. 그러나 유하에게 해탈은 이 세계가 환(幻)이라는 것을 깨닫는 것이다. 이 세계가 허상일지도 모른다는 인식이 유하의 풍자에는 늘 자리하고 있다. 프로레슬링이 '쑈'였다는 게 밝혀지자마자 프로레슬링의 인기는 시든 꽃처럼 스러진다. 이상하지 않은가? 가장 현세적인 인간이 그 세계를 가장 의심하는 인간이었던 것이다. 왜냐하면 뻔하니까. 중독자들이 중독에서 헤어나오지 못하는 건 그 세계가 계속해서 미지를 제공하기 때문이 아니라 뻔하기 때문이다. 무협지광들이 무협지를 계속 찾는 것은 거기에 뭔가 새로운 게 있어서가 아니다. 늘 뻔하기 때문이다. 그것이 중독이다(그래서 중독자들은 반성할 수 없다).

> 예수나 불타나 공자의 말씀도
> 곰곰이 생각해보면,
> 기상천외한 술법이 아니라
> 나쁜 짓 하지 말고 착하게 살자는 말씀인데
> 귀가 확 트일 신묘한 그 무엇을 갈망하는 자들에겐
> 뻔하디뻔한 말씀일 뿐인데
> 지금도 형형하게 살아서 세상을 구원하는 것은
> 다 듣는 귀를 가진 사람들 힘이구나
> 세 살짜리도 아는 얘기지만
> 여든 살 노인도 행하지 못하는 진리를
> 버리지 않고, 명심해 실천해온
> 듣는 귀를 가진 사람들 힘이구나
> 그렇지, 진정 듣는 귀란
> 깨달음을 행함 속에 있는 것
> 다들 귀가 크다는 것을 자랑하는 이 시절에
> 귓밥만 더 먹는 큰귀 아니냐고 비웃었지만
> 사소한 선도 실천하지 못하는 내 귀도
> 결국 뚫린 귀에 불과했구나
> 바람만 새는 바늘귀였구나

오늘도 내 귀를 지나쳐

사막으로 가버리는

수많은 진리의 낙타들 　　　　　—「바늘귀」 전문

  만약 유하가 키치 중독자라면, 그것은 뻔한 삶의 중독자라는 얘기다. 뻔한 삶의 비애. 그것이 유하의 풍자가 가지는 비애다. 반성 이전의 비애에서 유하의 풍자는 이미 완성된다. 적의 심장에 칼을 꽂자마자 그것이 자신의 심장을 뚫고 들어온다. 키치? "졸렬과 수치가 그들 자신을 반성하지 않는 것처럼"(김수영, 「절망」) 그것은 이미 우리의 삶이다. 졸렬과 수치가 그들이 아니라 바로 나라는 것을 알아챘을 때 유하의 풍자는 시작된다. 해탈이 고작 이 비루한 세상이 환임을 아는 것이라면, 유하에게 풍자는 해탈이고, 해탈이 풍자다. 그래서 유하에게서는 어떤 계몽도 보이지 않는다. 깨달음도 없고, 비애를 조장하지도 않고, 폭력성을 드러내지도 않는다. 풍자하는 이의 도덕성 같은 것도 없다. 부덕을 질타하지도 않고, 덕을 찬양하지도 않는다. 소비되고 소비하는 사회에서 이미 옳고 그른 것은 존재하지 않는다. 규정 불가한 거대한 시스템 속을 어딘지도 모르고 흘러간다. 문학과 예술은 이 흐름의 바깥에 있으려 한다. 그러나 그 안에서 소비되고 소비하면서, 자신이 소비하는 것들을 그대로 베껴 쓰는, 자기 자신까지 풍자의 대상으로 삼는 (시가 아닌) 한 인간이 등장한다. 그렇다면 그는 "환영으로 가득 찬 여정 속을 희망 없이 표류해야 할 것"[7]인가? 이 질문 앞에서 표류를 즐기는 미학적 형식, 그것이 유하의 풍자다. 우리 문학이 이런 풍자를 또 얼마나 가질 수 있을까? 아마 유하가 유일할 것이다.

〔2012〕

---

7) 마크 S. 브룸버그, 『자연의 농담』, 김아림 옮김, 알마, 2012.

|기획의 말|

  1975년 출범하여 오늘까지 이어져온 '문학과지성 시인선'이 독자들의 사랑과 문인들의 아낌 속에 한국 현대시의 폴리스Polis를 이루게 된 사실은 문학과지성사에 내린 지복이기도 하지만 동시에 한국시를 즐겨 읽는 독자들에겐 '상리공생(相利共生)'의 사안이기도 하다. 왜냐하면 한국시의 수준과 다양성을 동시에 측량할 수 있는 박물관의 역할을 이 시인선이 해줄 수 있기 때문이다. 요컨대 여기는 한국시의 '레이나 소피아Reina Sofia'이다. 시의 '뮤제오 프라도Museo Prado'가 보이지 않는 게 아쉽긴 하지만.
  그러나 '문학과지성 시인선'이 현대시의 개성들을 다 모아놓고 있다고 오연히 자부할 수는 없다. 시인선의 편집자들이 한국어의 자기장 내에서 발화하는 시의 빛점들을 포집하기 위하여

고감도 안테나를 드넓게도 촘촘히도 작동시켰다 하더라도, 유한자 인간의 "앨쓴"(정지용, 「바다」) 작업은 빈번히 누락과 착오로 인한 어두운 그늘들을 드리워놓기 십상이기 때문이다. 환상과 우연의 힘들은 완전하고자 하는 의지를 김 빼는 한편, 우리의 울타리 바깥에서도 시의 자치구들이 사방에 산재해 저마다 저의 권역을 넓혀나가고 있다는 사실을 확인케 해 새삼 우리를 겸허한 반성 쪽으로 이끌고 간다.

모든 생명적 장소가 그러하듯이 시의 구역들 역시 활발한 대사 운동 끝에 팽창과 수축을 거듭하면서 크게 자라기도 하고 소멸되기도 한다. 때로는 구역의 진화와 시의 진화가 심히 어긋나는 때가 있으며, 그중 구역은 사용을 멈추었는데 시는 여전히 생생히 살아 있을 경우야말로 애달픈 인간사 그 자체가 아닐 수 없다. 외로 떨어진 시 덩어리는 우주선과 잡석들이 빗발치는 망망한 말의 우주의 유랑자의 위상에 처하게 되고 갈 곳 모른 채 표류하다가 서서히 소실의 검은 구멍 속으로 빨려 들어가거나 완벽한 정적의 외진 구석에 유폐된 채로 그 자리에서 먼지로 화할 수도 있을 것이다.

실로 한국 현대시 100년을 경과하면서 역사의 무덤 속으로 들어가기를 거절하고 삶의 현장에 현존하고자 하는 의지를 내뿜는 시뭉치들이 이곳저곳에서 출몰하는 횟수를 늘려가고 있었으니, 특히 20세기 후반기에 출판되었다가 다양한 사연으로 절판되었거나 출판사가 폐문함으로써 독자에게로 가는 통로를 차단당한 시집들의 사정이 그러하여, 이들이 벌겋게 단 얼굴로 불현

듯 우리 앞을 스쳐 지나갈 때마다 우리는 저 시뭉치의 불행과 저들과 생이별하여 마음의 양식을 잃은 우리의 불운을 한꺼번에 안타까워하는 처지에 몰리게 된다.

그리하여 우리는 '문학과지성 시인선' 내부에 작은 여백을 열고 이 독립 행성들을 우리 항성계 안으로 모시고자 한다. 이는 '시인선'의 현 단계의 허전함을 메꾸기 위함이요, 돌연 지구와의 교신망을 상실한 시뭉치에 제2의 터전을 제공하기 위함이요, 독자의 호시심(好詩心)에 모자람이 없도록 하고자 함이니, 이 삼중의 작업을 한꺼번에 이행함으로써 우리는 한국시에 영원히 마르지 않을 생명샘의 가는 한줄기가 될 수 있기를 소망한다.

이 작업을 통해서 우리는 옛것의 귀환이라는 사건을 때마다 일으킬 터인데, 이 특별한 사건들은 부족을 메꾸는 부정—보충적 행위를 넘어 새로운 시의 미각적 지대, 아니 더 나아가 새로운 정신적 지평을 여는 발견적 행동이 되고야 말리라는 것을 확신하는 바이다. 우리가 특별히 모실 이 시집들의 숨겨진 비밀이 워낙 많다는 뜻을 이 말은 품고 있거니와, 진정 이 시집들은 처음 세상에 모습을 드러내었던 당시 독자를 충격했던 새로움을 보존할 뿐만 아니라 같은 강도의 미지의 새 새로움의 애채를 옛 새로움의 나무 위에 돋아나게 해줄 것이 틀림없다. 그리하여 독자는 시오랑E. M. Cioran이 언젠가 말했듯 "회상과 예감réminiscence et pressentiment이 반대 방향으로 멀어지기는커녕, 하나로 합류하는"(「생-종 페르스Saint-John Perse」, 『예찬 실습 Exercises d'admiration』 in 『저작집 Œuvres』, Pleiade/Gallimard, 2011)

희귀한 체험을 생생히 누리리라 짐작하거니와, 이 말의 주인이 그 체험의 발생주체로 예거한 시인을 가리켜 "모든 시간대에서 동시대인으로 존재하는 사람un contemporain intemporel"이라고 말했던 것과 마찬가지로, 이 체험의 신비함이야말로 모든 시간대에서 최고의 신선도로 독자를 흥분케 할 것이다.

그렇긴 하지만 우리는 이 재생의 사건들을 특별히 꾸리는 별도의 총서는 자제하였다. 그보단 우리의 익숙한 도시인 '문학과지성 시인선' 안에 포함시키고자 하는데, 우리의 '시인선' 자체가 늘 그런 신비한 체험을 독자들에게 제공해주기를 기대하기 때문이다. 다만 아주 시치미를 떼어서 독자를 정보의 결핍 속에 방치하는 우를 범할 수는 없는 연유로, 처음부터 시작하는 번호에 기호 R을 멜빵처럼 감쳐서, 돌아온 시집임을 표지하고자 한다. R은 직접적으로는 복간reissue의 뜻을 가리키겠지만 방금의 진술에 기대면 이 귀환은 곧 신생과 다름이 없어서, 반복répétition이 곧 부활résurrection이라는 뜻을 함축할 뿐 아니라 더 과감히 반복만이 부활을 가능케 한다는 주장까지 포함할 수 있을 것인데, 그 주장이 우리 일상의 천편일률적이고 지루하고 데데한 반복을 돌연 최초의 생의 거듭남으로 변신시키는 마법의 수행을 독자들에게 부추길 것을 어림한다면, 그것은 아무리 되풀이 강조되어도 지나치지 않을 것이다. 더욱이나 어느 현대 시인은 "R이 없어서, 죽음은 말 속에서 숨 막혀 죽는다 *Privé d'R, la mort meurt d'asphyxie dans le mot*"(에드몽 자베스Edmond Jabès, 『엘, 혹은 최후의 책*El, ou le dernière livre*』,

1973)는 촌철로 언어의 생살을 도려내었으니, R을 통해서만 언어는 존재의 장식이기를 그치고 죽음조차 삶의 운동으로 되살리는 것이다.

그러니 '문학과지성 시인선'의 새로운 R의 행렬 속에서 우리가 독자들에게 바라는 것은 이 한 글자의 연장이 무엇이든 그 안에 숨어 있는 한결같은 동작은 저 시인이 암시하듯 숨통 터주는 일임을 상기해달라는 것이다. 이 혀를 안으로 마는 짧은 호흡은 곧이어 제 글자의 줄이 초롱처럼 매달고 있는 시집으로 이목을 돌리게 해, 낱낱의 꽃잎처럼 하늘거리는 쪽들을 흔들어 즐겁고도 신기한 언어의 화성이 울리는 광경을 마침내 목격하고 청취하는 데까지 당신을 이끌고 갈 수 있을 터이니, 그때쯤이면 이 되살아난 시집의 고유한 개성적 울림이 시집에 본래 내재된 에너지의 분출이면서 동시에 그것을 그렇게 수용하고자 한 독자 자신의 역동적 상상력의 작동임을 제 몸의 체험으로 느끼게 되리라.

㈜**문학과지성사**